北京市老龄事业发展和养老体系建设
白皮书

（2017）

北京市老龄工作委员会办公室
北京师范大学中国公益研究院 编

社会科学文献出版社
SOCIAL SCIENCES ACADEMIC PRESS (CHINA)

编 委 会

目 录

前　言 ……………………………………………………………………………… 1

第一章　北京市人口老龄化现状与趋势 ……………………………………… 1

　　一、北京市人口老龄化现状与趋势 …………………………………… 3

　　二、北京市分区人口老龄化状况 ……………………………………… 4

　　三、北京市人口老龄化主要特征 ……………………………………… 5

第二章　老年人社会保障体系逐步健全 ……………………………………… 7

　　一、老年人社会保险持续扩面提标 …………………………………… 9

　　二、老年人社会福利水平不断提升 …………………………………… 11

　　三、老年人社会救助逐步健全 ………………………………………… 12

第三章　多层次社会养老服务体系快速发展 ……………………………… 15

　　一、"三边四级"养老服务体系初步建立 …………………………… 17

　　二、养老服务机构提质增效取得明显成效 ………………………… 20

　　三、农村养老服务能力建设迈出新步伐 …………………………… 23

第四章　老年人健康支持体系基本建立 …………………………………… 25

　　一、医养结合进展显著 ………………………………………………… 27

　　二、老年人健康促进和医疗服务稳步推进 ………………………… 29

　　三、加快老年人康复护理体系建设 ………………………………… 30

第五章　老年消费市场逐步扩大····································· **33**

　　一、养老服务业态呈现多样化趋势 ·························· 35

　　二、老年用品市场供给能力持续提高 ······················ 37

第六章　老年宜居环境建设不断推进····························· **39**

　　一、设施无障碍建设和改造力度加大 ······················ 41

　　二、老年人生活环境更加安全绿色便利 ···················· 42

　　三、孝老敬老助老的社会风尚得以弘扬 ···················· 43

第七章　老年文教体活动日益丰富····························· **45**

　　一、老年教育不断发展 ·································· 47

　　二、老年文化更加丰富 ·································· 48

　　三、老年人体育健身更加便利 ···························· 49

第八章　老年社会组织与老年人社会参与有序发展················· **51**

　　一、老年志愿服务活动活跃 ······························ 53

　　二、老年社会组织不断发展 ······························ 54

第九章　老年人优待与权益保障不断完善························· **57**

　　一、老年人优待工作提质扩面 ···························· 59

　　二、老年人普法宣传和权益保障深入开展 ·················· 61

第十章　实施保障工作进一步实化细化··························· **63**

　　一、夯实老龄工作发展保障基础 ·························· 65

　　二、老龄工作保障措施得到加强 ·························· 66

第十一章　老龄事业发展和养老体系建设展望····················· **69**

　　一、北京市老龄事业发展和养老服务体系建设发展目标 ········ 71

　　二、北京市老龄事业发展和养老服务体系建设面临的主要挑战 ··· 72

　　三、北京市老龄事业发展和养老服务体系建设展望 ············ 73

附　　录··· **75**

　　2017 年北京市养老服务主要法规和政策文件清单 ··········· 75

前　言

　　人口老龄化是北京市当前和未来社会发展的常态。北京市委、市政府贯彻落实党的十九大精神，以习近平新时代中国特色社会主义思想为统领，高度重视老龄工作，把积极应对老龄化、推进养老服务体系建设作为事关全局的战略任务持续推进，持续创新老龄工作政策，不断完善老龄工作机制，使得老龄事业发展和养老体系建设成效显著。

　　老龄事业发展和养老体系建设是一项复杂的系统工程。近年来，北京市以社会保险、社会福利、社会救助等制度为主要内容的社会保障体系进一步健全，养老服务有效供给能力快速提升，老年人健康支持体系基本建立，老年宜居环境进一步改善。《北京市居家养老服务条例》的出台，使北京市养老服务立法走在全国前列。围绕"9064"养老格局，北京市在建设以居家为基础、社区为依托、机构为补充、医养相结合的多层次养老服务体系方面已经取得显著成效。为着力解决养老服务"最后一公里"供给困难，北京市积极构建并不断巩固完善区域养老服务联合体，完善养老服务政策制度。围绕老年人的健康需求，北京市重点加强老年人健康管理、医疗服务优待、医养结合、康复护理和安宁疗护工作，打造符合首都特点的康复医疗服务体系。老年宜居环境建设不断推进，老年人消费市场逐步扩大，老年人文教体活动日益丰富，老年人优待与权益保障不断完善。北京市老龄事业发展和养老体系建设取得长足进步。

　　自 2007 年至今，《北京市老年人口信息和老龄事业发展状况报告》已经连续按照年度发布 11 期，内容包含北京市养老服务的方方面面，是系统宣传北京市老龄事业发展的重要载体，是了解北京市老龄事业发展的重要渠道，是研究北京市老龄事业发展的宝贵材料。为了更全面、深入、系统介绍北京市老龄事业发展和养老体系建设，由北京市老龄办牵头，开展北京市养老领域政府白皮书——《北京市老龄事业发展和养老体系建设白皮书（2017）》的研究编写工作。该"白皮书"的编写还得到了北京市老龄委全体成员单位和 16 个区老龄办的大力协助和支持。

该"白皮书"正文共分11章。第一章重点阐述北京市人口老龄化的现状与趋势；第二章至第十章具体介绍2017年老龄事业发展和养老体系建设进展，包含社会保障、养老服务、健康支持、繁荣老年消费市场、建设老年宜居环境、丰富老年人精神文化生活、扩大老年人社会参与、保障老年人合法权益等方面。第十一章对北京市老龄事业发展和养老体系建设的发展目标进行展望，为公众了解和支持北京市老龄事业和养老体系建设提供系统的、权威的信息。附录是2017年北京市养老服务主要法规和政策文件清单。

第一章

北京市人口老龄化现状与趋势

北京市是全国较早进入人口老龄化的城市之一。

21 世纪是人口老龄化的时代。随着人们生活水平和健康水平的提高，北京市老年人口不断增加，老龄化逐渐呈现新的特点，纯老家庭数量增加，老年抚养系数逐年提高，高龄化和长寿特征凸显。

伴随着老龄化人口的不断加深，北京市养老服务需求总量日益增大，养老需求也呈现多层次、多样化、个性化的发展趋势，对老龄事业发展和养老体系的建设也提出新的要求。

党的十九大报告提出，积极应对人口老龄化，构建养老、孝老、敬老政策体系和社会环境，推进医养结合，加快老龄事业和产业发展。习近平指出，要积极看待老龄社会，积极看待老年人和老年生活，老年是人的生命的重要阶段，是仍然可以有作为、有进步、有快乐的重要人生阶段。有效应对人口老龄化，不仅能提高老年人生活和生命质量、维护老年人尊严和权利，而且能促进经济发展、增进社会和谐。

北京市作为中国老龄化态势最具代表性的城市之一，近年来深入贯彻落实党的十九大精神，以习近平新时代中国特色社会主义思想为统领，坚持党的建设、队伍建设、中心业务有机融合，坚持居家、社区、机构养老服务有机融合，着力构建老龄理论和政策体系、工作运行和管理体系、区域养老服务体系，以及孝亲敬老文化培育体系，努力在构建养老、孝老、敬老政策体系和社会环境上下功夫，着眼于让北京市老年人有更多的获得感、幸福感、安全感，奋力开创首都老龄事业改革发展新局面。

一、北京市人口老龄化现状与趋势

截至 2017 年底，北京市户籍人口总数达 1359.2 万，其中 60 岁及以上户籍老年人口 333.3 万，占户籍总人口的 24.5%；65 岁及以上户籍老年人口 219.8 万，占 60 岁及以上户籍老年人口的 65.9%，占户籍总人口的 16.2%；80 岁及以上户籍高龄老年人口 55.7 万，占 60 岁及以上户籍老年人口的 16.7%，占户籍总人口的 4.1%；90 岁及以上户籍高龄老年人口 4.8 万，占 60 岁及以上户籍老年人口的 1.4%，占户籍总人口的 0.4%。详见表 1-1。

表 1-1 2017 年北京市按不同年龄划分的户籍老年人口构成

单位：万人，%

年龄组	人数	占总人口的比例	占 60 岁及以上的比例	男		女	
				人数	占同年龄组人口比例	人数	占同年龄组人口比例
60 岁及以上	333.3	24.5	100.0	158.1	47.4	175.2	52.6
65 岁及以上	219.8	16.2	65.9	102.8	46.8	117.0	53.2
80 岁及以上	55.7	4.1	16.7	25.6	46.0	30.1	54.0
90 岁及以上	4.8	0.4	1.4	2.1	43.8	2.7	56.2

2012 ~ 2017 年，北京市 60 岁及以上户籍老龄人口比例由 20.3% 上涨到 24.5%，提高了 4.2 个百分点（详见图 1-1），北京成为中度老龄化城市。

图 1-1 2012~2017 年北京市户籍老年人口变化

随着北京市经济社会发展水平、人民生活水平、医疗技术的不断提高，北京市人口平均寿命不断延长，老年人口总量不断增长。北京市平均每天净增 500 余名 60 岁及以上老年人，净增 120 余名 80 岁及以上高龄老年人。预计到 2020 年，北京市户籍老年人口将超过 380 万，常住老年人口将超过 400 万。

二、北京市分区人口老龄化状况

截至 2017 年，北京市 16 个区中 60 岁及以上户籍老年人口排名在前三位的依次是朝阳区、海淀区和西城区，分别是 57.1 万人、49.5 万人、38.9 万人。北京市 16 个区中 60 岁及以上户籍老年人口占本地区户籍老年人口比例排名在前三位的依次是丰台区、石景山区、东城区，分别占 29.2%、28.9%、27.9%。具体内容详见表 1-2。

表 1-2 2017 年北京市分区分年龄组户籍老年人口情况

单位：万人，%

	60 岁及以上老年人口	60 岁及以上老年人口占本区总人口比例	60~69 岁		70~79 岁		80 岁及以上	
			人数	占 60 岁及以上比例	人数	占 60 岁及以上比例	人数	占 60 岁及以上比例
北京市	333.3	24.5	190.5	57.2	87.1	26.1	55.7	16.7
东城区	27	27.9	16.1	59.6	5.9	21.9	5	18.5
西城区	38.9	26.9	22.5	57.8	8.7	22.4	7.7	19.8
朝阳区	57.1	27.2	30.9	54.1	15.8	27.7	10.4	18.2
丰台区	33.3	29.2	18.9	56.8	8.5	25.5	5.9	17.7
石景山区	11	28.9	6.3	57.3	2.7	24.5	2	18.2
海淀区	49.5	21.0	25.5	51.5	13.9	28.1	10.1	20.4
房山区	18.2	22.3	11.3	62.1	5	27.5	1.9	10.4
通州区	18	23.4	11.2	62.2	4.8	26.7	2	11.1
顺义区	14.3	22.5	8.7	60.8	3.9	27.3	1.7	11.9
昌平区	13.4	21.5	7.9	59.0	3.7	27.6	1.8	13.4
大兴区	14.4	20.6	8.6	59.7	4	27.8	1.8	12.5
门头沟区	6.6	26.3	3.9	59.1	1.7	25.8	1	15.2
怀柔区	6.3	22.3	3.7	58.7	1.7	27.0	0.9	14.3
平谷区	9.2	22.8	5.5	59.8	2.5	27.2	1.2	13.0
密云区	9.7	22.1	5.7	58.8	2.6	26.8	1.4	14.4
延庆区	6.4	22.2	3.8	59.4	1.7	26.6	0.9	14.1

三、北京市人口老龄化主要特征

（一）纯老家庭数量波动上升

未来一段时间，北京市的独生子女父母逐渐步入老年阶段，空巢现象逐渐增多。纯老家庭（即纯老年人家庭）是指家庭全部人口的年龄都在 60 岁及以上的家庭，包括独居老年人家庭，夫妇都在 60 岁及以上的老年人家庭，与父母或其他老年亲属同住的老年人家庭。截至 2017 年底，北京市户籍人口中纯老家庭人口 52.14 万人，占户籍老年人口总数的 15.6%，与 2010 年相比增加了 7.8 万人。

（二）老年抚养系数逐渐提高

北京市老年抚养系数呈逐渐递增态势。2012 年到 2017 年，每百名劳动年龄人口抚养的老年人口由

29.4 人提高到 39.7 人，意味着 2017 年，北京市约每 2.5 名劳动力在抚养 1 名老年人。

（三）高龄老年人口持续增长

2012 年至 2017 年，北京市 80 岁及以上户籍高龄老年人口占户籍总人口比重从 3.3% 提高到 4.1%（见表 1-1）。2017 年北京市户籍居民平均期望寿命为 82.2 岁，其中男性 80.0 岁，女性 84.4 岁。

（四）长寿特征凸显

截至 2017 年底，北京市户籍人口中百岁老年人共计 833 人，比上年增加了 82 人。百岁老年人中，男性 365 人，女性 468 人，分别比上年增加了 35 人和 47 人。每十万户籍人口中百岁老年人数在 2012~2017 年间从 4.1 人增长到 6.1 人。

北京市老龄化程度进一步加深，养老服务需求总量也日益增大。由于老年人家庭结构、年龄和健康状况、经济状况、养老观念等的差异，养老需求呈现全方位、多样化、专业化的特点。高龄老人增多、慢性病多发，导致老年人对专业化长期照护服务的需求不断提高，针对特殊老年人的个性化、特色化服务需求不断增长。

第二章
老年人社会保障体系逐步健全

为提高老年人生活水平，增强老年人消费能力，北京市不断加强老年人社会保障政策的制定与实施，老年人社会保障水平走在全国前列。

北京市老年人社会福利正在由补缺型向普惠型转变，覆盖人群逐步扩大，服务体系不断完善，民生福祉水平不断提高。

北京市已经建立起以城乡低保和特困人员供养为基础，医疗、住房、供暖等专项救助相配套，临时救助等应急救助和社会互助为补充的老年人社会救助体系，较好地保障了困难老年人的基本生活。

社会保障体系是民生安全网，与人民幸福安康息息相关，关系国家的长治久安。随着我国人口老龄化进程的加快，高龄化、空巢化、失能化程度加深，社会保障体系与老年人生活的关系越来越密切。党的十九大报告提出，加强社会保障体系建设，按照兜底线、织密网、建机制的要求，全面建成覆盖全民、城乡统筹、权责清晰、保障适度、可持续的多层次社会保障体系。

目前北京市老年人社会保障水平走在全国前列，全市建立了以企业职工基本养老保险制度、机关事业单位工作人员养老保险制度和城乡居民养老保险制度为主体，城乡无社会保障老年居民福利养老金制度为补充，有机衔接、共同支撑、覆盖城乡全体居民的老年人生活保障制度，老年人社会福利逐步健全，社会救助和社会优待制度不断完善，老年人消费能力逐步增强，生活水平不断提高。详见图 2-1。

一、老年人社会保险持续扩面提标

（一）养老金水平稳步提高

● 城镇企业退休人员养老金

北京市在 2006 年制定并出台了《北京市基本养老保险规定》，自此以后，享受企业职工基本养老保险待遇人数不断增加，从 2006 年的 161.5 万人增加到 2017 年的 249.5 万人。北京市企业退休人员养老金水平也在不断提高，从 2006 年的人均 1215 元 / 月增加到 2017 年的 3770 元 / 月，增长了 2 倍多。

● 城乡统一的居民养老保险金

2009 年北京市在新农保的基础上建立了统筹城乡的居民社会养老保险制度，当年城乡居民社会养老保险累计参保人数达到 162.13 万人，享受城乡居民社会养老保险金人数 12.72 万人，城乡居民社会养老保险金月人均水平 400 余元。随后保障人群持续增加，保障水平不断提高。截至 2017 年底，参加城乡居民社会养老保险的人数达 213.1 万人，享受城乡居民社会养老保险待遇人数 86.6 万人，月平均养老金 671 元。

● 老年人福利养老金

自 2008 年 1 月 1 日起，北京市开始对不享受社会养老保障待遇的人员每月发放福利养老金。从保障人群来看，2008 年这一制度建立之时，覆盖的是 60 岁及以上的不享受社会养老保障待遇的人员，2009 年又对 2008 年 12 月 31 日前年满 55 周岁不满 60 周岁不享受社会保障待遇的女性发放福利养老金。截至 2017 年底，北京市享受老年保障福利养老金人员为 40.6 万人，待遇标准为 525 元／人。

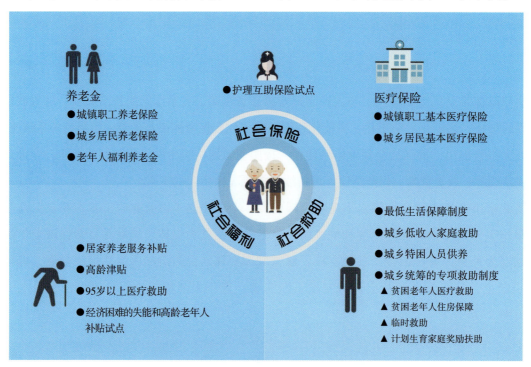

图 2-1　多层次、全覆盖的老年人社会保障

（二）医疗保险体系不断完善

● 城镇职工基本医疗保险

随着人口老龄化的不断加深，医疗保险参保老年人数量不断增加。截至 2017 年底，北京市城镇职工基本医疗保险参保 1569.2 万人，其中退休人数 286.2 万人。

● 城乡居民基本医疗保险

截至 2017 年底，城镇居民医疗保险参保 202.2 万人，其中无保障老年人 19.9 万人；参加新型农村合作医疗 186.9 万人，其中老年人参保人数 88.7 万人。2018 年 1 月 1 日，北京市原本实行的新型农村合作医疗和城镇居民基本医疗保险统一为城乡居民基本医疗保险，覆盖所有未参加城镇职工基本医疗保险的本市户籍城乡居民。

在医保待遇方面，合并后的城乡居民医保制度在报销标准上向基层医疗机构倾斜且待遇全面提升，门诊最高报销比例达到了 55%，比原来提高了 5 个百分点，门诊年度封顶线统一为 3000 元；住院最高报销比例达 80%，比原来提高了 5~10 个百分点，住院年度封顶线统一提高到 20 万元。

在就医范围方面，原有的新农合与城镇居民医保定点医疗机构全部纳入城乡居民医保定点医疗机构，统一协议管理，定点医疗机构数量近 3000 家，参保人员就医范围明显扩大。

专栏：海淀区居家养老失能护理互助保险试点取得阶段性成果

为探索以社会互助共济方式建立失能失智老人的护理服务商业保险制度，海淀区于 2016 年 7 月正式开展了居家养老失能护理互助保险试点。该项目以服务给付替代传统的现金给付，向失能老人提供多项照护服务。政府按不同年龄段缴费额度的 20% 予以补贴，对农业户籍参保人再额外补贴每人 120 元 / 年，对困难家庭全额补助，并与参保人、照护服务机构共同建立长期护理互助基金。截至 2017 年底，护理保险已有 5700 余人参保，保费收入 747 余万元。其中，城市困难群体（低保、计划生育扶持家庭）参保比例约为 92%。

二、老年人社会福利水平不断提升

北京市加强社会福利政策顶层设计，积极推进社会福利政策整合。综合社会福利政策着眼提升老年人晚年生活质量，分三层进行制度设计：一是建立经济困难的老年人生活服务补贴制度，提高经济困难的老年人获取专业养老生活照料的支付能力；二是建立失能老年人护理补贴制度，补充失能老年人因生理或心理失能而产生的额外照顾服务支出；三是健全老年人高龄津贴制度，提升老年人因高龄后随年龄段增长而相应获取的阶梯式福利政策关照。2012 年北京市《关于加强首都民政工作的意见》首次提出社会福利由补缺型向适度普惠型转变，近年来北京市社会福利覆盖人群逐步扩大，民生福祉水平明显提高，分类保障人群更加精准。

（一）居家养老服务补贴稳步推行

2009 年北京市公布关于贯彻落实《北京市市民居家养老（助残）服务办法》的意见，首次把社会福利适度普惠和重点特困帮扶相结合，推出可以作为代金券使用的社会养老助残券，其按照年龄层及生活状况评估等标准对老年人进行发放。到 2017 年共发放居家养老服务补贴约 614.69 万人次，发放补贴金额约 6.22 亿元，老年人当年养老服务补贴消费达到了 6.02 亿元。

（二）领取高龄津贴人群不断增加

北京市于 2008 年建立老年人高龄津贴，随着北京市户籍人口老龄化程度的不断加深，加上通过落户方式进京的老人，2009 年领取 90 岁及以上高龄津贴的老年人数量为 2.76 万人，2017 年末这一数字攀升至 4.7 万人，该年度共发放金额 8404.36 万元。

（三）老年人享受医疗救助的范围扩大

2010 年北京市开始对 100 岁老人实行补助医疗制度，对 100 岁及以上老年人在北京市定点医疗机构门诊及住院发生的，且符合有关医疗报销规定的医疗费用中的个人负担部分给予补助，2011 年扩大补助对象范围，将年龄下调到 95 岁及以上的老年人。与此同时，发放的补助金总额呈不断增加的态势，2011 年仅为 315.3 万元，到 2017 年为 95 岁及以上老年人发放医疗补助 3131 人次，共计 835.4 万元。

（四）计划生育家庭奖励扶助

截至 2017 年底，北京市农村部分计划生育奖励扶助金标准每人每月 120 元；独生子女伤残、死亡特别扶助金标准每人每月分别为 400 元、500 元，全年共投入资金 2.63 亿元，覆盖 9.9 万人。

专栏：经济困难的失能和高龄老年人补贴试点

2015 年起，北京市开始对全市老年人进行筛查，开展老年人能力评估。完成全市约 16.8 万名老年人的能力评估工作和 8.98 万名高龄老年人的需求调查工作，经评估确定为失能的老年人 16.7 万人。西城区率先试点，具有西城区户籍且实际居住在该区内，经评估确定为中、重度失能的老年人每月可申请享受 400 元额度的失能老年人居家照护服务补贴。

三、老年人社会救助逐步健全

北京市社会救助从 1996 年正式实施城市低保制度以来，已经建立起以城乡低保和特困人员供养为基础，医疗、住房、供暖等专项救助相配套，临时救助等应急救助和社会互助为补充的老年人社会救助体系，较好地保障了困难老年人的基本生活。

（一）最低生活保障标准稳居全国前列

2015 年 7 月，北京市率先在全国实现城乡低保标准并轨，保障标准稳居全国前列。北京市建立了最低生活保障标准调整机制，每年调整一次。城乡最低生活保障标准为家庭月均 900 元，截止到 2017 年底，北京市 60 岁及以上老年低保对象 29904 人，占全市低保对象总数的 24.82%；其中，城市老年低保对象 10995 人，农村老年低保对象 18909 人。

（二）城乡低收入家庭救助

2009 年，北京市建立了城乡低收入家庭救助制度，未纳入低保范围、家庭月人均收入低于低收入家庭认定标准且符合低保财产状况规定的低收入家庭，可根据家庭困难情况申请享受医疗、教育、住房等专项救助待遇。为使更多有需要的低保边缘家庭得到救助，北京市提高低收入家庭认定标准，与最低工资挂钩，实现动态调整。截至 2017 年底，城乡低收入家庭中有 60 岁及以上成员的共 359 户，老年人 511 人。

（三）城乡特困人员救助供养

2017 年，北京市建立起城乡统筹的特困人员救助供养制度，特困人员救助供养标准按照不低于市统计局、国家统计局北京调查总队公布的上年度全市居民人均消费支出确定。特困人员基本生活标准按照不低于本市最低生活保障标准的 1.5 倍制定，即 1350 元 / 月；特困人员照料护理标准按照具有生活自理能力、部分丧失生活自理能力、完全丧失生活自理能力分档制定，分别不低于本市当年最低工资标准的 20%、40%、60%，即 400 元 / 月、800 元 / 月、1200 元 / 月。截至 2017 年底，农村特困人员救助供养对象 4503 人，其中老年人 2851 人，占农村特困人员救助供养对象总数的 63.31%。城市特困人员 978 人，其中老年人 562 人，占城市特困人员总数的 57.46%。

（四）医疗救助

截至 2017 年底，社会救助对象中贫困老年人全年累计救助 39487 人次、支出救助资金 6633.13 万元。非社会救助对象的贫困老年人，如符合规定，可申请因病致贫家庭医疗救助，解决医疗困难。

（五）住房救助

截至 2017 年底，累计已解决 3 万余户老龄家庭住房困难，其中经适房 7669 户、限价房 16023 户、公租房（含廉租房）7902 户。对家庭成员均为 60 周岁以上老人且无子女的家庭可提高一档发放租金补贴。

（六）临时救助

对于符合临时救助条件的老年人，因遭遇突发事件、意外伤害、重大疾病或其他特殊原因导致生活陷入困境的，可以向户籍所在地乡镇人民政府（街道办事处）申请临时救助，通过发放临时救助金、提供救助服务或转介服务等形式，给予应急性、过渡性救助。截至 2017 年底，全市临时救助 25123 人次，全年累计发放救助资金 4389.01 万元。

第三章

多层次社会养老服务体系快速发展

围绕健全"以居家为基础、社区为依托、机构为补充、医养相结合"的养老服务体系，北京市不断巩固居家养老服务体系，构建就近区域养老服务联合体，促进居家、社区、机构养老服务融合发展，完善北京市养老服务政策制度。

养老机构服务提质增效取得明显成效，公办养老机构改制持续深化，北京市加大养老服务模式创新探索，在全国率先试点共有产权养老服务设施建设。

加大农村养老服务建设力度，推动农村养老服务设施和互助养老服务发展。

北京市人口老龄化的快速发展，对养老服务提出了越来越高的要求，养老服务需求大量增加与供给不足的矛盾凸显，出现如社区服务设施短缺、服务项目和服务能力不足、养老服务人才匮乏等问题，传统的家庭养老模式和"养老是政府福利事业的观念"已不再适合现实需要。

为满足老年人对美好生活的需要，北京市调整转变养老服务发展思路和工作重心，落实国家和本市推进养老服务业发展意见、《北京市居家养老服务条例》等政策法规，深化养老服务供给改革，进一步完善北京市养老服务体系。北京市坚持政府主导，充分整合行政、市场、社会、家庭等各种资源的力量，不断完善基础设施，创新服务模式，逐步建立起与首都经济社会发展水平相适应，与社会保障系统相衔接，以居家为基础、社区为依托、机构为补充、医养相结合的养老服务体系，实现"老有所养"的目标。

一、"三边四级"养老服务体系初步建立

为促进居家养老服务发展，满足居住在家老年人的社会化养老服务需求，提高老年人生活的质量，北京市创新性提出"三边四级"养老服务体系（见图3-1），这一体系是在政府主导下，通过构建市级指导、区级统筹、街乡落实、社区连锁的四级纵向对接、层次丰富、功能互补服务网络，依托区级养老服务指导中心、街乡养老照料中心和社区养老服务驿站等区域养老服务联合体，统筹区域内企事业单位和社会组织提供的各类专业服务和志愿公益服务，实现老年人在周边、身边和床边就近享受居家养老服务。

区域养老服务联合体由区级养老服务指导中心、街乡养老照料中心和社区养老服务驿站组成。其中，街乡养老照料中心和社区养老服务驿站主要由政府部门提供场所、补贴等支持，其中的专业运营、开展服务等主要交给社会。区级养老服务指导中心作为本区养老服务体系的运行枢纽和指挥平台，制定区域养老政策，集成区域专业化资源。截至2017年底，北京市区级养老服务指导中心已建成并运营的有6家，正在建设中的有9家，完成选址并在完善建设方案的1家。目前，石景山区、西城区已经

基本完成区域养老服务联合体布局的全覆盖。

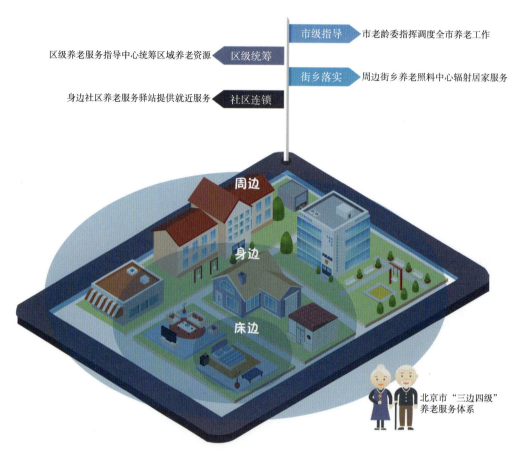

市级指导　市老龄委指挥调度全市养老工作

区级养老服务指导中心统筹区域养老资源　区级统筹

街乡落实　周边街乡养老照料中心辐射居家服务

身边社区养老服务驿站提供就近服务　社区连锁

北京市"三边四级"养老服务体系

图 3-1 "三边四级"养老服务体系示意

（一）社区养老服务驿站建设加大

社区养老服务驿站是老年人家门口的养老总服务台，直接将各类服务送到老年人家里。为加大社区养老服务驿站建设，推动可持续发展，北京市印发了《北京市社区养老服务驿站建设规划（2016—2020年）》《关于 2017 年加强社区养老服务驿站运营支持工作的通知》《关于规范使用市财政转移支付给予驿站一次性运营补助资金的通知》《北京市社区养老服务驿站运营扶持办法》等系列文件。2017 年，将建设 200 个社区养老服务驿站的任务纳入 2017 年北京市重要民生实事项目。截至 2017 年底，北京市运营的社区养老服务驿站数达 380 家，实现了一定的覆盖面。

（二）居家养老服务加快发展

北京市鼓励和引导社会力量进入养老服务领域，采取项目申报的方式对公益性、公众性项目以奖代补，重点培育与老年人居家生活紧密相关的老年人餐饮、康复护理、养老家政、社区便民、健康科技、文化教育、网络信息、老年人用品 8 个行业，扶持有专业规模的养老服务商开展连锁经营，就近提供社区和居家养老服务。

● 居家服务补贴

北京市拿出专项资金对已建成并运营的街乡养老照料中心和社区养老服务驿站进行运营补贴，增强其辐射居家养老服务的能力。2017 年度，各区共申报 230 个养老服务机构、开展 1135 个辐射服务项目，增强了居家养老服务供给能力。

● 养老助餐服务

北京市通过签约餐饮企业、开放辖区单位内部食堂、社区（村）自办等形式，建立养老（助残）餐桌。从 2015 年以来，北京市连续在东城、西城、朝阳、海淀、丰台、石景山、房山、顺义 8 个区积极推进养老助餐服务体系试点建设工作，按照"科学布局、按需设点，政策扶持、社会参与，属地管理、区县主责，特困优先、兼顾其他"的原则，探索养老助餐服务各类模式，实现老年餐桌和社区送餐点集中就餐、老年餐进入社区配餐点和老年人家庭的目标，初步形成养老助餐服务体系。市级安排资金 4495 万元，给予每个试点区一次性项目补助支持，主要用于支持装修改造、配置设备设施、老年膳食研发等方向，连续支持三年。

● "一刻钟社区服务圈"建设

截至 2017 年底，北京市 8 年累计建成"一刻钟社区服务圈"1452 个，覆盖社区 2706 个，覆盖率达到 87.5%。12.5% 尚未覆盖的社区主要分布在城乡接合部地区以及近年来的村转居和新建社区。2017 年共建成 208 个"社区之家"示范点，208 家单位向社区居民开放了食堂、运动设施、图书室等服务设施，使广大社区老年人从中受益。

● 建立居家养老巡视探访服务制度

北京市采取政府购买服务的方式，对独居、高龄、子女不在身边以及身体和精神状况较差的老年人开展居家养老巡视探访。北京市根据工作计划，2018 年，居家养老巡视探访服务工作在各区全面开展；到 2020 年，北京市居家养老巡视探访服务制度（见图 3-2）将基本建立，其重点对象为北京市独居、高龄以及处其他困境中的老年人，主要包括 80 岁及以上的独居老年人、与重度残疾子女共同居住的老年人、无子女或子女不在北京市的独居老年人、身体状况和精神状况较差的独居老年人等。各区还可将其服务范围拓展到失能、失独等有服务需求的老年人。居家养老巡视探访服务原则上由街道办事处组织实施，其可以委托或指定社区养老服务驿站、农村幸福晚年驿站、街乡养老照料中心作为居家养老巡视探访服务机构开展服务。

● 居家紧急救援服务

针对急救的问题，北京市为符合条件的独居老年人家庭安装紧急医疗救援呼叫器（连接到 999 急救中心或 120 急救中心，为之提供医疗救助）和烟感报警器（用于火灾预警和紧急救援）等紧急救援服务设施，实现紧急救援服务延伸到家，保障独居居家老年人的生活安全、健康安全和人身安全。截止到 2017 年底，共安装了近 6 万台紧急医疗救援呼叫器、约 1.4 万个独立式感烟报警器、约 1.7 万个防走失手环。

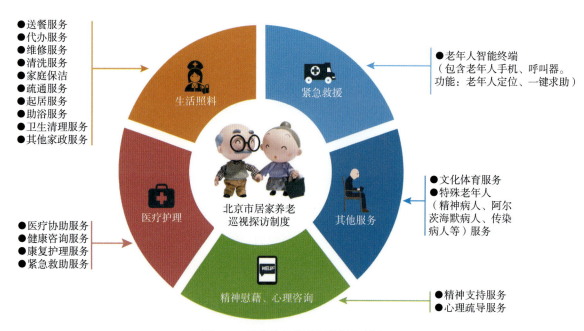

图 3-2　居家养老巡视探访服务制度

二、养老服务机构提质增效取得明显成效

北京市围绕"9064"养老服务格局，加大养老机构和社区养老设施建设，建立城乡统筹、结构科学、布局合理、投资多元、机制灵活、服务规范、形式多样的养老服务体系。北京市依托中心城控制性详细规划及各新城、乡镇用地规划，逐步建立以"大型机构为引领，中型机构为主体，小型机构为补充"的发展模式，推进城乡机构养老设施广覆盖，实现机构养老设施建设科学化、投资主体多元化、服务对象公众化、管理服务标准化。截至 2017 年底，北京市投入运营养老机构 506 家，投入运营养老床位 10.3 万张。

（一）养老服务质量和水平逐渐提高

● 养老机构服务质量建设专项行动

北京市出台《开展养老机构服务质量建设专项行动，全面提升养老行业服务质量水平的实施意见》《关于加强养老服务设施规范化管理工作的通知》《关于加强养老机构服务质量整治工作的指导意见》，召开全市养老服务质量建设工作会议，全面开展养老机构服务质量大检查、大整治活动。专项行动期间，累计投入资金 14089 万元，用于养老机构环保消防改造、阳光餐饮改造等方面；累计整改不合格项目 6014 项，整改率达到 97.3%；累计提升项目 16930 项，提升率达到 68%。通过养老机构服务质量大检查、大整治，一大批制约养老机构服务质量问题得到了整改，养老机构服务质量有了明显提升。

● 推进养老服务标准化建设

启动养老服务业标准体系建设研究。抓好《养老机构老年人生活照料操作规范》等12项地方性标准的宣传和贯彻落实，推进养老机构服务质量星级评定工作，督促引导养老机构参加服务质量星级评定。截至2017年，开业运营1年以上的养老机构全部制定标准化服务体系文本；开业运营2年以上的养老机构服务质量星级评定参与率达90%，且70%以上通过服务质量星级评定。

● 加强养老行业监管

2017年，研究制定《北京市养老服务监管办法》，规范养老服务监管主体、内容、方式，积极构建政府部门行政监管、行业协会自律管理、服务对象及家属主动监督、社会舆论公开监督的养老服务质量监督管理体系。同时，加强诚信体系建设工作，委托专业机构完成《北京市养老服务单位诚信体系建设研究报告》，研究起草《关于推进养老服务业诚信体系建设的指导意见》和《养老服务单位诚信评价管理办法（试行）》。

● 推动养老服务人才专业化、职业化建设

推进养老护理职业发展体系改革试点。指导行业协会在海淀区开展改革试点，制定薪酬待遇试点政策，拓宽养老服务人才来源渠道，打通初级养老护理员到养老护理师、高级养老护理师的晋级渠道。研究制定养老服务从业人员薪酬待遇政策，探索建立职业技能等级与薪酬待遇挂钩机制、毕业生入职补贴等制度。加强教育培训，组织编撰中高级养老护理员教材，筹建全市养老服务人才信息平台、北京市养老服务人才协会，推进养老服务从业人员诚信体系建设。结合大检查大整治活动，对机构管理人员、从业人员进行普遍培训。截至2017年底，我市通过职业鉴定的养老护理员总数11823人，其中初级养老护理员9101人，中级养老护理员2409人，高级养老护理员301人，技师12人。其中，在养老机构的养老护理员总数7199人，其中初级养老护理员4219人，中级养老护理员1264人，高级养老护理员287人，技师7人，其他未取得执业证书的1422人。

（二）公办养老机构管理体制改革继续深化

针对公办养老机构床位使用率偏低、活力不足问题，2015年以来，相继出台了《关于全面深化公办养老机构管理体制改革的意见》《北京市养老机构公建民营实施办法》《北京市公办养老机构入住及评估管理办法》《北京市公办养老机构收费管理暂行办法》《特殊家庭老年人通过代理服务入住养老机构实施办法》《困境家庭服务对象入住社会福利机构补助实施办法》《北京市基层公办养老机构建设资助工作实施办法》《关于进一步规范公办养老机构入住管理工作的通知》等"1+7"政策（见图3-3），全面推进公办养老机构管理体制改革。

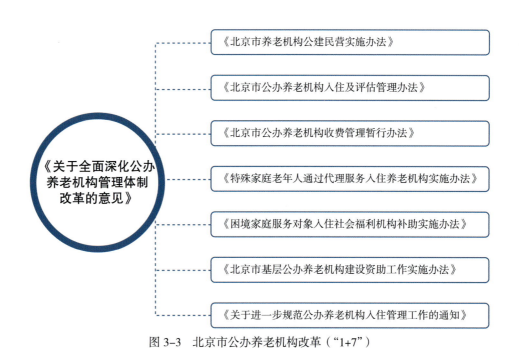

图3-3　北京市公办养老机构改革（"1+7"）

● 强化公办养老机构托底保障功能

将政府供养保障对象（包括城市特困人员、农村特困对象）、困境家庭保障对象（包括低保或低收入家庭中孤寡、失能或高龄的老年人）和优待服务保障对象（包括享受市级及以上劳动模范待遇人员、因公致残人员或见义勇为伤残人士，以及为社会做出突出贡献人员中的失能或高龄老年人等）3类群体作为基本养老服务保障对象。同时规定，公办养老机构可根据计划生育特殊困难家庭中失能或70岁及以上老年人的实际需求，参照困境家庭保障对象或优待服务保障对象为其提供政府基本养老服务。

● 引入公办民营、公建民营模式

鼓励社会力量运营公办养老机构，激发公办养老机构活力。截至2017年底，北京市215家公办养老机构中，已有112家完成了公办养老机构改革，占52%。

（三）率先试点集中式居家养老社区模式

2017年12月12日，集中式居家养老社区模式（见图3-4）——共有产权试点项目发布会在朝阳区双桥恭和家园举行。该项目完全按照养老建筑规范建造，用于养老照料、医疗康复、膳食管理的公共空间占该项目总面积40%。共有产权养老服务设施建设，作为北京市推进养老服务业发展的一项重要举措，是有效解决社会多元化、多样性养老服务需求的有效方法，是吸引社会优质资本进入养老服务业的重要手段，是破解当前养老服务市场资本流动难题的创新思路。

该模式以"居室分割定向出售、公共服务空间持有经营、限龄人群居住"为主要内容，通过家庭与养老机构的零距离接触，促进"居家与机构服务相结合"。其中，养老居室由养老服务企业与符合条件的购买者分别按5%、95%的份额共同持有，多项措施限定60岁及以上老年人居住；由企业对配套医疗、护理、餐饮等公共服务设施进行持有、经营。

通过共有产权养老服务设施试点，打通了居家社区和机构养老相互独立的养老供给格局，实现养老服务体系有机对接。通过镶嵌在养老服务设施中的居室出售，让老年人在自己家中就能够享受到专业养老机构的服务。

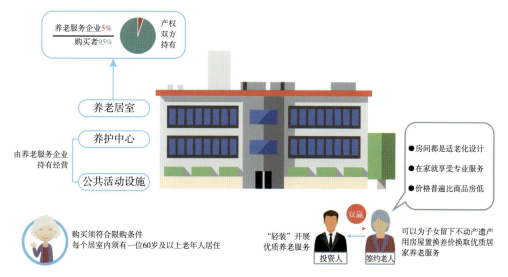

图 3-4　集中式居家养老社区模式示意

三、农村养老服务能力建设迈出新步伐

北京市重点围绕老年人建模式、给服务，在村就近集中、抱团养老，将服务资源在社区养老服务驿站汇集，不出村、不离乡解决农村养老服务设施供给、服务人员配置、专业服务提供等问题，最大限度实现多数农村老年人就近养老。创新农村养老服务模式，家庭养老、机构养老、互助养老、志愿服务等养老服务模式统筹推进、互相补充，做到农村老年人平时有地儿去、困难有人帮、生活有保障。

（一）健全农村养老服务政策

2017 年，北京市民政局会同市发展改革委、市农委等 11 个部门印发《关于加强农村养老服务工作的意见》，会同市老龄办印发《关于做好农村幸福晚年驿站建设工作的通知》，积极构建农村养老服务体系，重点围绕农村老人建模式、给服务，实现农村老人就近养老；大力推进互助养老、志愿服务，多途径满足农村老年人的养老服务需求。

（二）推动农村养老服务设施建设

2017 年，北京市制定了《关于加强农村养老服务工作的意见》《关于做好农村幸福晚年驿站建设工作的通知》等文件，从设施规划、土地保障、建设支持、运营资助、税费减免、金融支持等方面，加强农村养老服务设施建设，通过反哺农村，补农村公共服务设施亏欠的短板，加快建设与城市同步、服务同质的农村养老服务体系。截至 2017 年底，北京市已建成农村幸福晚年驿站 113 家，就近为农村老人提供就餐送餐、文化娱乐等服务。

（三）探索发展农村互助养老

2017 年，在密云、平谷、怀柔区开展农村养老改革试点工作，探索农村养老服务模式，成立邻里互助服务队，对互助员进行培训和管理。这 3 个区共有 1939 名互助员为 11789 名老年人提供互助服务，超额完成 1000 人次的农村互助养老服务任务。

专栏：密云区积极创新建立农村居家养老服务模式

一是创新幸福晚年驿站模式。利用集体或个人闲置房屋，通过腾退、流转等方式改造成养老服务场所，就近为有需求的居家老年人特别是农村地区留守老人提供日间照料、短期全托、助餐助洁、文化娱乐等基本养老服务，同时拓展居家上门服务功能，实现养老不离家、离家不离村。现已建成 25 家幸福晚年驿站，照料床位近 500 张，辐射服务区域内 5500 余名老年人。

二是鼓励"邻里互助"模式。针对农村地域面积广、老年人居住分散，集中养老服务功能无法辐射等特点，采取以村民自家居住地为中心，确定服务半径，通过日常巡视、巡查，为老年人提供代买代缴、助餐助洁、寻医送药、春种秋收等服务，提高突发应急事件的处理能力，切实解决老年人日常生活及临时事情需要人手问题。全区已建成 11 支服务队伍，邻里互助员达到 130 余人，为 500 余名分散居住的老年人提供互助养老服务。

三是倡导"老年扶助"模式。针对农村"分散特困"老年人及空巢、独居日常生活无人照料的特点，通过利用自己宅院改成具备基本养老服务功能的小型幸福院，采取以村委会为主体，通过"低助高、强扶弱"互相帮扶的形式，让有意愿的老年人共同生活，由村委会指派专人为老年人日常餐饮起居照料服务，实现分散的特困及空巢高龄老年人集中供养，共享晚年生活。

第四章

老年人健康支持体系基本建立

随着老龄化的不断深入，高龄、失能以及慢性病老年人也在逐渐增加，老年人对医疗保健、康复护理等服务的需求日益增长。

以维护老年人健康权益和满足老年人健康服务需求作为出发点和落脚点，北京市重点加强老年人健康管理、医疗服务优待、医养结合、康复护理和安宁疗护工作，打造符合首都特点的老年医疗卫生服务体系，保障老年人能够获得适宜的、综合的、连续的健康服务。

人口老龄化也使得我国老年人医疗康复服务需求日益增长。一是由于老年人口占比越来越大，老年人又是疾病多发群体，加上国家医疗保健制度的不断完善，老年人医疗服务市场需求将有望快速增长；二是随着社会的进步，以及国家鼓励社会资本兴办医疗机构，我国医疗行业竞争将会加剧；三是在充分竞争的市场环境下，老年人对于医疗服务的质量要求也会越来越高。《"健康中国2030"规划纲要》中明确指出，推进老年人医疗卫生服务体系建设，推动医疗卫生服务延伸至社区、家庭。加强老年人常见病、慢性病的健康指导和综合干预，强化老年人健康管理。

北京市努力为老年人提供连续性、人性化的健康服务，关注老年人在医疗卫生服务中的需求特点，从"生命全周期"养老准备的视角出发，积极推动健康服务转型，做到既重视老年人生病前的健康准备，又重视老年人生病后的健康干预。为此，北京市构建了以家庭照料和社区卫生服务为基础，以综合医院老年病科为衔接，以专业老年病医院为核心，打造专业化管理、行之有效的老年人健康服务体系。使老年人的医疗服务重心下移，重点前移，逐步平衡城乡老年人的医疗资源，使城乡社区老年人都能够获得就近、便捷、周到的健康服务，不断满足老年人的健康服务需求。

一、医养结合进展显著

（一）机构层面的"医养结合"

北京市把"医养结合"作为养老和健康服务业发展的重要内容。在机构层面，积极探索了"医养结合"的三种方式，并建立医疗执业许可绿色通道，将养老机构内所设的医疗机构纳入医保定点实行政策倾斜。

- 方式一：有条件的养老机构和养老照料中心独立设置护理院、康复医院、诊所、卫生室（所）、医务室、护理站等医疗机构。
- 方式二：鼓励养老机构与周边医疗机构合作开设医院、医务室、护理站等医疗分支机构。

● 方式三：推进养老机构与周边医疗机构签订正式协议，建立就医用药绿色通道，并开展医疗巡诊、紧急救援，落实健康教育和健康管理等服务。

截至 2017 年底，经批准独立内设医疗机构且已经通过医保定点审定的有 73 家，引入医疗机构分支或经卫生部门批准内设医疗机构的有 106 家，与周边医疗机构签订书面协议的有 278 家，养老机构医疗服务覆盖率达 90%。

（二）社区层面的"医养结合"

完善社区居家老年医疗服务，开展居家医疗服务试点。积极推进家庭医生式服务，探索解决上门开展医疗服务合法性问题。

● 开展居家医疗服务试点

鼓励社区卫生服务在保证基本医疗服务的前提下，拓展服务范围。市卫生计生委组织专家编写《社区上门医疗卫生服务管理规范（培训教材）》，拓展家庭医生签约服务内涵，提升社区卫生服务机构为老年人上门服务能力。市卫生计生委印发《关于提升北京市家庭医生签约服务质量有关工作的通知》（京卫基层〔2017〕19 号），统一提供家庭医生签约服务包供各区参考，其中包括基本包和个性包。个性化包中涵括老年女性服务包、老年男性服务包、高血压患者服务包、糖尿病服务包等。截至 2017 年底，全市基层医疗卫生机构签约 65 岁以上老年人 201.34 万。全市 16 区不同程度地加大为居家老年人服务力度。丰台区试点为不能自理和半自理高龄老人提供服务，整合医疗卫生系统 400 个编制支持社区卫生服务机构，同时支持社区卫生服务机构招聘符合要求的专业人员开展上门服务。对家庭医生上

专栏：医养结合新模式

双井恭和苑老年公寓作为北京市医养结合首个试点，建成北京市首家"为老服务型社区卫生服务中心"，通过家庭医生式服务为恭和苑内老年人建立健康档案，为周边社区老年人提供上门康复指导、代购药品和上门送药等服务。2016 年 7 月，乐成公司以"双井第二社区卫生服务中心"为平台，启动居家医疗（康复）护理服务，为恭和苑及周边社区约 1.5 万老年人提供包括术后院外居家医疗服务、失智症居家医疗服务、肿瘤放化疗间歇期居家医疗服务、卧床、临终关怀居家医疗服务 4 大类型，以及注射输液、伤口换药等 50 余个小项的入户医疗服务。截至 2017 年 4 月底，已为 3077 人次长期卧床、不便就医的老年人开展居家医疗（康复）护理服务，为一些老年人提供临终关怀服务，有效解决了这些老年人及其家庭的切身困难，客户满意度、服务满意度达到 100%。

门服务给予奖励补贴。东城区积极探索多种合作方式，为托底保障群体和扶助保障群体提供连续的健康服务，让有需求的老年人足不出户享受到方便、快捷的医疗卫生服务。

（三）探索"医养结合"新模式

2017 年，北京市支持东城区、朝阳区和海淀区开展国家级"医养结合"试点工作。深化推进双井恭和苑老年公寓"医养结合"试点的成果转化，推进养老设施与周边社区卫生服务中心（站）的功能融合，为老年人提供安全便捷高效的康复服务。以国家信息惠民工程建设为契机，市第一社会福利院、大兴新秋老年公寓与宣武医院开创远程医疗服务试点。

二、老年人健康促进和医疗服务稳步推进

（一）老年人健康促进

● 老年人健康管理

为有效开展老年人健康管理，社区卫生服务机构对辖区有需求的老年人免费建立健康档案，以形成连续、综合、可追踪的个人及家庭健康资料，为健康管理奠定基础。截至 2017 年底，全市基层医疗卫生机构为老年人建立健康档案 337.05 万份，每年为常住 65 岁以上老年人开展 1 次包括免费健康体检在内的健康管理服务，2017 年共为 155.6 万名常住 65 岁以上老年人提供健康管理服务。

（二）老年人医疗服务能力不断提升

● 老年人医疗服务优待

社区卫生服务机构为老年人提供优先挂号、优先就诊、优先建立家庭病床的"三优先"服务，并在机构内进行公示，减少就诊排队等候时间，部分社区卫生服务中心开展延时服务和错时服务。截至 2017 年，北京市社区卫生服务机构共为老年人提供诊疗服务 2946.89 万人次，对符合优待政策的老年人（60 岁及以上户籍人口）免普通门诊医事服务费约 2467.56 人次。北京市社区卫生服务机构为老年人出诊 14.65 万人次，为老年人新建家庭病床 217 张，对符合优待政策的老年人免费查床 1755 次。

● 老年人在社区就医用药服务

统一医院和社区卫生服务机构的药品采购目录，并对高血压、糖尿病、冠心病、脑卒中 4 类签约患者提供 105 种慢性病用药长处方服务，出台 60 岁及以上老年人免普通门诊医事服务费个人自付金额的优待政策，在社区卫生服务中心推行"先诊疗后结算"服务。截至 2017 年，共开具长处方 2 万余张，提供"先诊疗后付费"服务的社区卫生服务中心有 200 余个。

● 开展安宁疗护试点

北京市探索医疗养老连续服务模式，2017年遴选出北京市隆福医院等15家医疗机构作为首批北京市临终关怀试点单位。其中社区卫生服务机构7家，将探索开展医疗机构及居家安宁疗护服务，满足人民群众对不同层次医疗服务需求，减轻临终患者病痛，排解心理问题和精神烦恐，提高生命质量，维护生命尊严。

三、加快老年人康复护理体系建设

（一）打造符合首都特点的老年人康复医疗服务体系

为适应人口老龄化形势，满足老年人康复医疗服务需求，2016年，北京市印发了《关于加强北京市康复医疗服务体系建设的指导意见》，明确到2017年，初步建立符合首都特点的老年人康复医疗服务体系；到2020年，老年人康复医疗服务体制、机制、模式和政策法规体系基本完善，服务网络基本形成，专业人才数量和质量基本满足老年人康复医疗服务需求，实现每千常住人口0.5张康复护理床位，以及每张康复床位至少配备医师0.15名、康复治疗师0.3名和护士0.3名的建设目标。

（二）初步建立康复治疗师培养和管理机制

为推动老年人康复医疗体系建设，提高医疗机构康复医疗服务能力和康复治疗技术水平，实现2020年规划目标，北京市制定印发了《关于加强康复治疗师培养和管理工作的通知》，初步建立了规范的康复治疗师培养和管理机制。北京市还开展了康复治疗人员培训医院的遴选工作，经评估，确定北京博爱医院、中日友好医院、宣武医院、北京康复医院等25家三级医院为北京市康复治疗专业人员培训医院。

（三）稳步推进公立医疗机构向康复机构转型

2016～2017年，北京市分期分批推动了部分公立医疗机构向康复机构转型。各转型机构利用三年时间，不断加强康复人才队伍建设、添置康复医疗设备、提升康复医学学科建设、提高医院管理水平，在康复床位数、科室设置、人员配备、场地设施、硬件设备、学科建设、科室管理等各方面至少达到二级康复医院标准。能够为辖区内疾病稳定期患者提供专业、综合的康复治疗，并具备其他疾病的一般诊疗、处置能力和急诊急救能力，拥有为本辖区康复患者提供诊疗、转诊等延续性医疗服务功能。同时，与三级综合医院、区域医疗中心及社区卫生服务机构紧密协作，促进区域内老年人康复医疗服务体系和分级诊疗制度的建立。

专栏：转型康复机构的公立医疗机构名单

　　首批（6 家）：西城区展览路医院、朝阳区南磨房社区卫生服务中心、太阳宫社区卫生服务中心、大兴区红星医院、昌平区南口铁路医院、平谷区金海湖镇社区卫生服务中心。

　　第二批（6 家）：西城区广外医院、海淀区羊坊店医院、丰台区铁营医院、通州区第二医院、怀柔区第二医院、房山区韩村河社区卫生服务中心。

第五章

老年消费市场逐步扩大

老年消费群体正处在一个培育发展的阶段。围绕当前老年人消费需要，北京市以居家养老服务为重点发展商业服务网络，培育老年消费市场。这主要体现在居家养老服务单位的快速发展，养老助餐、家政等连锁服务网点不断增加，老年用品平台展示和营销推广逐渐多元化。

目前，我国养老产业发展迅速，老年人消费模式呈现总量快速增长、消费内容逐渐多元、高质量产品需求日益增长的特点，消费方式及手段多样化将成为未来一段时间内我国养老产业消费模式发展的趋势，但也存在着市场化程度较低、市场集中度较差、发展不均衡等突出问题。党的十九大报告中提出加快老龄事业和产业发展目标，国务院推出了全面放开养老服务市场，深化养老服务供给侧结构性改革，构建公平竞争的市场环境，支持各类市场主体增加养老服务和产品供给等繁荣老年消费市场的具体措施。

在全国全面放开养老服务市场的大环境下，北京市立足本地老年人群需求做大做强老年消费市场。一是进一步放宽准入条件，推动养老机构连锁化、品牌化发展。二是进一步优化市场环境，实行平等待遇，开放外资。三是进一步加强对老年人照护、产品开发等领域的重点支持，推动产业融合。四是从土地、融资、产业基金和长期护理保险等方面提高服务保障能力。五是鼓励和探索"互联网＋养老"模式，运用新技术实现多种养老供给方式互相融合。

一、养老服务业态呈现多样化趋势

（一）以社区为重点的便民商业服务体系初步建立

● 不断加强社区便民商业网点建设

北京市加快推进生活性服务业规范化、连锁化、便利化、品牌化、特色化发展，引导、鼓励蔬菜零售、便利店、餐饮、家政服务等企业积极开设连锁品牌便民商业网点，编制相关行业（业态）标准规范，为社区居家老年人提供更加安全、放心、丰富、便捷的商业服务。2017年，全市共建设蔬菜零售等7类基本便民商业网点1210个，全市蔬菜零售、便利店、早餐等基本便民商业服务在城市社区覆盖率达到87.4%；全市基本便民商业网点连锁化率达到34.9%，较上年度末提升5.5个百分点，其中城6区网点连锁化率达到43.2%，方便了市民生活，受到社区居民特别是老年居民的欢迎。此外，还重点加强对老年人使用较为集中的银行缴费、网络消费等布点和便民设施建设。

专栏：东城区南门仓社区"驿站大集"

　　南门仓社区"驿站大集"首场活动即广受居民关注，活动持续一天，10余家企业、社会组织、志愿团队提供了50余项服务菜单，26人现场报名参加驿站兴趣小组和互助团队，40人预约了15天内的驿站居家养老服务项目，10人预约老年公寓入住，21人预约了老年餐，13人报名了老年旅游，2位老年书法家展示并为居民书写了书法作品，150余人进行了家政、按摩、修脚、金融知识、慢病管理、护理技能、养老助残卡办理等现场咨询，实现了驿站、居民、第三方产品（服务）供给方的良性互动。

（二）以居家养老服务为重点的商业服务网络

● 居家养老服务单位快速发展

　　北京市近年来扶持、培育了老年餐桌、生活照料、养老机构、文化娱乐、精神关怀等各类服务单位1.5万家。截至2017年，北京市工商注册养老服务企业（企业名称含有"养老服务""居家养老"等）1329家；在民政部门注册的与养老相关的社会组织达600余家。居家养老服务单位从数量、规模、服务范围等方面都显示出快速发展的良好势头。

● 以连锁餐饮为重点积极推进养老助餐服务

　　引导餐饮企业积极开展养老助餐活动，加大中央厨房建设，努力为老年消费者提供价格实惠、品种丰富的早餐服务。在推进便民早餐网点建设中，考虑到老年人特殊的餐饮需求，一是积极鼓励和引导聚德华天、永和大王、和合谷等品牌连锁餐饮企业研发更多适合老年人口味的营养餐，推出多款优惠套餐，为到店就餐的老年人提供优质服务；二是开展养老助餐工作，在东城、西城等8个区率先开展试点，采取"餐饮服务商（中央厨房）+社区配送"方式，为社区老年人提供集中配餐服务；三是在具备条件的连锁餐饮和老字号门店设置专门的老年餐桌，减少老年人等候时间，方便其就餐。

● 支持连锁网点和规范化项目建设

　　北京市出台政策，利用商务发展资金积极支持家政行业开展标准规范宣传并贯彻实行，以及连锁网点建设、岗位技能培训和"互联网＋家政服务"等促进行业规范化、连锁化、品牌化发展的项目，设立了总额10亿元的北京市生活性服务业发展基金。通过政策支持的推动和促进，北京市涌现出了爱依养老、七彩乐居养老等一批具有较高知名度的专注于养老服务的家政企业。

● 积极推动为老服务家政行业培训

　　支持建立政府、协会、企业多方参与的多层次培训体系。2017年，通过集中培训、入店巡讲、校企合作等方式支持开展生活性服务业岗位技能、素质提高活动，在家政、洗染、家电维修等生活性服务业行业举办 3.2 万人次左右的岗位技能培训，其中把家政服务作为重点给予支持，培训家政从业人员 3 万人次左右，带动家政从业人员培训 20 万人次以上。

二、老年用品市场供给能力持续提高

（一）支持康复辅助器具产业发展

2017 年，出台了《北京市人民政府办公厅关于加快发展康复辅助器具产业的实施意见》，建立北京市加快发展康复辅助器具产业联席会议制度；印发了《北京市社会福利机构（设施）配置康复辅助器具指导目录》，制定了《北京市康复辅助器具示范推广和配置服务》。配合中国康复辅助器具协会举办 2017 年中国国际康复辅助器具博览会和北京市康复辅助器具产业发展研讨会。

（二）不断丰富为老服务的特色商业营销活动

举办 2017 年国际养老、康复及医疗展览会和 2017 北京国际老龄产业博览会，推广养老产业；举办主题为"健康消费　快乐消费"的"2017 北京老年消费月"活动，通过开展与老年消费者日常生活息息相关的 5 个板块的促消费活动及 2017 北京老年消费论坛，提高老年消费产业及相关企业的市场发展关注度。积极推动"幸福彩虹"社区开展老博会工作，为老年人提供多样化的养老产品和养老服务。引导商业企业强化为老服务意识。物美、京客隆、超市发、家乐福、华润等超市对老年人购物免费送货上门，提供老年人专用花镜、轮椅和专门休息区及购物通道，组织开展"银色营销，关注老年人"专题促销活动，等等，满足老年人购物消费的需要。引导商业企业肩负更多的社会责任，开展为老志愿服务。

（三）以北京市老年用品展示中心为平台推动产业化发展

老年人的消费在未来将成为拉动经济增长的重要一环，老年用品无疑将占据相当一部分的市场份额，北京市将组建北京市老年用品展示中心列入 2016 年北京市政府向百姓承诺完成的民生项目。北京市老年用品展示中心是一个以展示、体验、销售、租赁为一体的老年用品服务平台，自 2016 年 12 月 19 日正式开业至今，已经发展到 5000 余种在售商品。该展示中心致力于覆盖养老全产业链，以示范店为中心，坚持标准化、一体化、多元化和网络化，由此辐射整个北京市更多区域，将来推广至全国，真正实现促进北京乃至全国养老年产业升级、服务老年人的整体目标。

第六章

老年宜居环境建设不断推进

老年宜居环境不仅包含老年人群居住和生活的空间、设施等硬环境，还包含社会氛围、文化等软环境。

北京市加强居住社区养老设施配套，重点推进了老旧小区加装电梯工作，推动设施无障碍建设和改造；并通过小区综合治理和背街小巷环境改造，营造适合老年人居住生活的、安全绿色便利的城乡环境、社区环境和家庭环境。

开展孝老爱亲"北京榜样"活动和尊老敬老系列文化活动，发展志愿服务和老年人公益活动，培育和践行社会主义核心价值观，积极营造敬老养老助老的社会氛围。

老年宜居环境不仅包含老年人群居住和生活的空间、设施等硬环境，而且包含社会氛围、文化等软环境，是适合老年人居住生活的城乡环境、社区环境和家庭环境的总和。老年宜居环境建设关系到全体公民老年期的生活和生命质量，和每一个人都息息相关。目前，我国已进入人口老龄化的快速发展阶段，这就要求全社会主动适应人口结构和社会形态的转变，大力推进老年宜居环境建设，为广大老年人提供支持性宜居环境。当前我国老年宜居环境建设在政策、实践、市场等方面取得了较快发展，但整体而言仍然处于初步阶段，存在诸多突出问题。新修订的《中华人民共和国老年人权益保障法》专门新增"宜居环境"一章，将加强老年宜居环境建设提高到立法的高度，做出了长远安排。

北京市坚持以老年人为本，在城乡规划和建设的各个环节，根据老年人群体的生理和心理特性，建设适合老年人需求的社会软硬件生活环境，促进老年人与其他年龄群体共融发展。2018 年，北京市海淀区开展社区老年宜居环境系统规划建设试点工作，通过试点全面建成"以居家养老为基础、社区照料为依托、智慧手段为辅助、医养相结合全覆盖"的社区养老服务模式，在本区内建成一批各具特色的老年宜居社区。此外无障碍环境的建设工作已纳入北京市宜居城市建设的重要组成部分，通过老年人和残疾人家庭无障碍改造与周围的无障碍设施进行衔接，增强老年人和残疾人出行的连续性和可达性。目前，市区内部无障碍环境的建设取得了显著的成果。

一、设施无障碍建设和改造力度加大

（一）居住区养老配套设施建设稳步落实

北京市积极推动老旧小区适老化改造，规范新建住宅小区养老配套设施建设。2017 年，北京市制定了《老旧小区综合整治工作方案（2017—2020）》，选取 10 个小区为试点开展老旧小区综合整治工作。整治内容包括建设养老服务设施、增设电梯、完善无障碍设施等一系列适老化改造工作。10 个试点项目，共有 76 栋楼、建筑面积约 43 万平方米，涉及居民 5600 余户，已全面开工，为老年人营造更好的居住环境。2017 年，北京市新建住宅小区共建有各类养老配套设施 3 项，约 8.6 万平方米。

（二）老楼增设电梯试点取得重大进展

老楼加装电梯工作取得突破，北京市着力推进既有多层住宅增设电梯工作，市财政按照加装电梯购置及安装费用的 40%，且最高不超过 24 万元 / 台予以补贴。通过在本市内大力宣传和广泛开展民意调查，不断扩大试点范围。2017 年增设电梯工作简化了审批程序，优化了实施流程，加大了政府投入，并吸引社会资本参与，取得了突破性进展。截至 2017 年，北京市增设电梯项目共开工 447 部，已完成安装并投入运行 186 部。

二、老年人生活环境更加安全绿色便利

（一）老旧小区宜居环境提升

为改善城市人居环境，加快建设国际一流的和谐宜居之都，市政府继续深入对全市老旧小区开展综合整治，积极研究确定老旧小区公共区域整治内容。改造内容采用菜单式呈现，具体项目包括基础类和自选类。基础类是必须改造的内容，自选类是在已实施基础类改造的前提下，根据业主意愿确定的改造内容。基础类改造内容对比"十二五"时期增加了适老化改造、架空线入地及规范梳理、地桩地锁专项整治、维修完善垃圾分类投放收集站、有条件的大型居住小区增建公厕，以及增设再生资源收集站点等多项内容。自选类改造内容包括增加社区综合服务设施，补建停车位及电动汽车充电设施，完善小区信息基础设施和技术装备等。

（二）全面改善背街小巷人文居住环境

背街小巷环境整治提升工作是切实改善群众身边环境的实事工程。2017 年，以"抓创建、治顽症、促提升"为目标，北京市研究制定《首都核心区背街小巷环境整治提升三年（2017—2019 年）行动方案》，明确"十无一创建"标准和三年任务。其中"十无"即：无私搭乱建、无开墙打洞、无乱停车、无乱占道、无乱搭架空线、无外立面破损、无违规广告牌匾、无道路破损、无违规经营、无堆物堆料；"一创建"即：创建公共环境好、社会秩序好、道德风尚好、同创共建好、宣传氛围好的五好文明街巷。整治"城市病"痼疾顽症，提升精细化管理水平，全面改善背街小巷的环境面貌、规范环境秩序，让胡同成为有绿荫处、有鸟鸣声、有老北京味的清净、舒适的公共空间，展现具有首都风范、古都风韵、时代风貌的城市新形象、新面貌。

三、孝老敬老助老的社会风尚得以弘扬

（一）"北京榜样"活动引领良好社会氛围

为进一步加强培育和践行社会主义核心价值观，深化公民道德实践和首都精神文明建设，近几年北京市连续深入开展"北京榜样"大型主题活动。"孝老爱亲"就是"北京榜样"的一个重要评选类型，该活动坚持从社区（村）、基层单位做起，层层举荐、周周上榜、全媒传播，广泛发动群众和社会各界积极参与，在全市选树崇德向善、奋发向上的榜样人物。2017年度"孝星"命名和"孝星榜样"命名活动中，命名"孝星"2000名，命名"孝星榜样"10名。在全社会大力倡导尊老、爱老、敬老、孝老、助老的价值理念，积极示范引领良好的社会氛围。

（二）尊老敬老系列文化活动营造良好社会风尚

北京市广泛开展形式多样的尊老敬老主题文化活动，在全社会倡导尊老、敬老、爱老、助老的社会风尚。尊老敬老系列活动丰富多彩，广泛宣传重阳节的风俗及民族文化含义，产生良好社会反响。东城区举办少儿重阳节主题活动、重阳节专题图书推荐活动和"尊老敬老中华传统美德"等系列文化活动，大兴区举办"孝道·我能——弘扬孝道文化，传承孝德传统"文艺演出活动，石景山区举办重阳节灯谜有奖竞猜活动，朝阳区举办"我们的节日·重阳节"系列文化活动之重阳习俗——佩茱萸、食花糕、饮菊花酒活动，各区图书馆纷纷举办了重阳节民俗讲座活动，通过一系列的重阳节宣传活动，营造了敬老爱老的良好社会风尚和"孝亲起于自身，敬老见于小事"的行孝之风和孝道文化。

（三）助老志愿服务和为老公益活动广泛开展

开展"志愿北京之青春伴夕阳"志愿服务项目，并在建设"健康中国"的宏观战略背景和实现"医养结合"的养老服务目标下，孵化和培育医疗类专业助老志愿服务队伍。以各级各类医院和社区医疗卫生服务中心为载体，开展"惠志愿"系列志愿服务活动，培育和发展23家医疗助老志愿服务组织。此外，还组织开展社会组织公益服务活动，打造涉老领域品牌项目。北京市牵头举办了"社会组织公益行""社会公益汇""社会组织公益服务品牌评选"等一系列全市性社会组织公益活动，积极为社会组织搭建展览展示、交流对接平台，其中涉老领域涌现了一系列优秀服务活动及品牌，如侨界空巢老人关爱行动以及"'不倒翁'助老服务""关爱老人一元理发""温馨夕阳红'失独老人关爱行动""'夕阳港湾'居家养老服务"等，在丰富老人生活、提高为老服务水平方面贡献了力量。

第七章

老年文教体活动日益丰富

老年人精神文化生活日益呈现全方位需求、多角度融合和个人主动参与的特点。北京市通过发展老年教育、兴建老年活动设施、完善公共服务设施功能、组织文体娱乐活动等方式鼓励老年人参与社会活动，丰富老年人精神文化生活。

大力发展城乡社区老年教育和老年大学，同时依托"北京学习型城市网"发展远程老年教育，老年教育数字学习资源不断丰富。

基本建成市、区、乡镇（街道）、行政村（社区）四级公共文化服务体系，培育特色，为老年人开展特色活动和品牌项目，完善老年体育组织网络，开展各类全民健身活动。

随着经济投入稳步增长，基础设施建设初具规模，当前我国老年人的物质生活得到基本保障，同时受空巢、活动环境和身体心理等因素影响，老年人群对精神文化的需求日渐高涨。当前我国老年人的精神文化生活总体呈相对匮乏态势，尤其是针对老年人的公共文化活动设施显著不足，文化服务和消费产品不够丰富。这主要是我国老龄人口基数大，且地域、年龄、教育背景等因素都会造成老年人对精神文化需求的不同，要满足大量老年人群体的差异化精神文化需求需要一个长期的过程。

北京市高度关注老年人的精神文化建设，以继续提高老年人的物质生活水平为基础，以提高老年人的文教体活动水平为切入点，把社区作为重点建设平台，制定和推行有操作性和可量化的政策条例，逐步提高首都老年人的精神文化水平和晚年生活质量。

一、老年教育不断发展

（一）城乡社区老年教育网络稳步推进

北京市建有老年大学30余所；各区都建立了以社区学院或区级成人教育中心为龙头的社区教育网络基地。全市80%的街道都建立了社区教育中心，所有乡镇都建立了成人文化技术学校，70%的企业都建有自己的培训基地；目前全市面向社区开放的教育机构已超过60%。以社区教育为载体，以兴趣、爱好为切入点，为老年人提供丰富多彩的教育和培训活动，将老年人组织起来，使他们学习起来、活动起来、快乐起来、健康起来，不断满足老年人对教育的需求。

（二）老年教育数字学习资源不断丰富

北京市建立并开通的"北京学习型城市网"，是为北京学习型城市建设、各级各类学习型组织建立、全体市民终身学习提供综合教育服务的非经营性的教育网站。"北京学习型城市网"上学习资源涉及奥运知识、北京文化、家长课堂、家庭生活、居家常识、科学讲堂、老年生活、家庭护理、历史印记、农村建设、社会热点、文化传承、艺术赏析、心理健康、信息技术、养生保健、语言学习、职业发展、法律常识、新闻宣传 20 大类。这些资源可以用于职业教育、社区教育、继续教育、老年教育、家长教育等多种类型的教育。2017 年，"北京学习型城市网"自建学习资源包含 400 个主题系列、5100 集的视频课程，时长 8.6 万分钟；引进超星视频 527 集，11212 分钟；引进首都科学讲堂 17 个主题，73 位名家讲座 5609 分钟；共享北京新农村建设课程 8000 余集，24 万分钟。

（三）老年培训活动丰富多彩

北京市围绕老年人兴趣爱好、生活常用知识技能，为丰富老年人精神生活，开发了多种面向老年人群的培训课程，举办了多场为老年人所关注和喜爱的讲座活动。各区在广泛开展深受老年群众欢迎的声乐、器乐、书画、舞蹈等培训课程和讲座外，还不断开发各种特色和品牌课程。北京市公共图书馆利用丰富的资源开展了形式多样的培训活动，为老年人举办电脑使用及网络技能的专场培训，提高老年读者运用电脑进行网页浏览、资料查询、信息检索的能力。北京市还结合社会热点举办关爱讲座及各种活动。北京市公共图书馆还根据社会热点及老年人阅读特点，举办了各种丰富多彩的讲座，如"书画系列讲座"、"朗诵沙龙活动"、"养生堂"系列视频讲座以及法律讲座等活动，受到了广大老年人的欢迎。

二、老年文化更加丰富

（一）公共文化服务体系基本建成

北京市各区根据实际条件，尽力开辟适合老年人使用和活动的设施和文化娱乐场所。全市现有市、区、街乡、社村四级公共文化设施 6958 个，平均覆盖率达 98%，基本建成公共文化服务体系。图书馆设备设施方便老年读者使用，各公共图书馆大多设有老年读者阅览区域，怀柔、昌平、朝阳、平谷区图书馆专门设立了老年读者阅览室，方便老年人阅读。公共图书馆针对老年读者的身体特点提供大字阅读设备、触摸屏读报系统、电子报纸阅读机等新型的阅读设备，还准备有老花镜、放大镜、拐杖、急救箱等物品，以便老年读者使用。公共图书馆内各式指示牌、无障碍卫生间、电梯、坡道等设施，为老年读者入馆阅读创造了良好环境。

（二）老年文化活动各具特色

北京市根据各区文化传统和地域特色为老年人开展特色活动和品牌项目，围绕重大文化活动开展适合老年人群欣赏和参与的演出、展览、比赛等活动，开展尊老敬老系列活动，组织特色老年文艺节目。通过开展幸福生活纪实摄影展、经典诗文诵读、合唱大赛、戏曲文化节、诗歌会、广场舞演出、红色电影放映以及文化走访慰问活动等，为老年人送去温暖和祝福。丰富老年人的文化生活，搭建各种平台展现新时代老年人老有所为、老有所乐、健康向上的精神风貌。

三、老年人体育健身更加便利

北京市紧紧围绕增强人民体质、提高身心健康水平的目标，以健全全民健身公共服务体系为核心，以筹办 2022 年冬奥会和推动京津冀协同发展为契机，积极推动全民健身公共服务体系建设。努力为老年人提供丰富多彩的体育健身服务，使经常参加体育锻炼的老年人数比例不断提高。在老年人体育活动中，开展适合老年人需求、内容丰富、形式多样的创新性、品牌性、传统性、经常性的全民健身活动，统筹推进各类老年人群体育健身活动的均衡发展。

（一）广泛深入开展各类全民健身活动

坚持以传统、大型全民健身活动为引导，以小型多样、因地制宜的经常性体育健身活动为主要内容，形成了市、区两级体育品牌活动。持续扩大"全民健身日"、全民健身体育节、北京市体育大会等全民健身品牌活动的社会影响力。举办全国"全民健身日"北京主会场活动，举办"和谐杯"乒乓球比赛，北京市体育大会及舞蹈、健美、台球、门球等 35 个项目的比赛，体育公益活动社区行，百家社区健身才艺大赛，以及市民健康走跑、绿色骑游、武术、健身气功、拔河、篮球、羽毛球、健身操舞、扑克等市级品牌健身活动。举办新年登高、春节全民健身系列活动，端午节龙舟大赛，重阳节登山活动，武术非遗项目展演和敬老月活动等传统节日体育健身活动。举办全国百城千村健身气功交流展示系列活动、民族健身操舞大赛预赛、全国柔力球邀请赛、花棍挑战赛等传统体育赛事。

（二）建立健全老年人体育组织网络

北京市在做好老年人体育工作的基础上，建立健全老年人体育组织网络。各区老年体育协会的逐步建立，在组织开展老年人健身活动方面发挥了重要作用。街道（乡镇）、社区（村）基层健身团队不断发展。全市建有各类全民健身团队 7000 多个，涉及 30 余个健身项目，固定参与活动人员 35 万余人，其中老年人占 85%。就近就便为老年人体育健身活动提供指导和服务。经过多年的不懈努力，北京市逐步建立了市、区、基层三级老年人体育组织网络，充分发挥组织老年人开展健身活动的作用，为全市离退休干部参与体育健身、增强身体素质提供了有力的组织保障。

第八章

老年社会组织与老年人社会参与有序发展

　　积极推进老年人发挥自身优势，参与经济社会发展，是实施积极老龄化战略、应对老龄化挑战的重要举措。

　　北京市重视发展基层老年协会等老年社会组织的发展，老年社会组织在维护老年人权益，开展老年人文体活动、老年人社会管理以及参与社会公益事业等方面发挥了积极作用，且组织规模和数量在不断扩大。推动全市助老志愿服务组织发展，促进老年人积极参与志愿服务。

社会参与是老年人在晚年实现自我价值的重要渠道，老年人社会参与被正式纳入"积极老龄化"发展战略，成为联合国应对 21 世纪人口老龄化的政策框架。一直以来，我国以积极的态度看待老年人社会参与，破解制约老年人参与经济社会发展的法规政策束缚和思想观念障碍，积极拓展老年人力资源开发的渠道，为广大老年人在更大程度、更宽领域参与经济社会发展搭建平台、提供便利。

北京市重视老年人的主人翁地位，关注老年人的主体作用，倡导开展老年志愿服务，发展基层老年协会，大力支持老年人参与经济社会发展。北京市通过积极有效的规划引导、政策创制及实践突围，因地制宜地探索出了符合首都老龄现状的老年人社会参与模式，将基层老年协会建设作为创新社会治理和加强基层老龄工作的重要内容，充分发挥其在维护老年人权益、参与社会公益事务、组织老年群众参与经济社会建设及开展文体活动等方面的积极作用。

一、老年志愿服务活动活跃

（一）老年志愿服务制度逐步完善

在《志愿服务条例》《北京市志愿服务促进条例》《北京市志愿者管理办法（试行）》等相关制度下，根据《北京市居家养老服务条例》《关于支持和发展志愿服务组织的意见》《北京市"十三五"时期老龄事业发展规划》等相关政策指导意见，拟定北京市助老志愿服务事业发展相关的指导意见，进一步调整完善助老志愿服务工作机制。依托"志愿北京"平台开展关于助老志愿服务的数据统计，整体上把握了全市助老志愿服务组织的注册情况、团体动态、志愿者招募等信息。

（二）居家养老志愿服务模式深入开展

基于"志愿北京之青春伴夕阳"志愿服务项目，在加大助老结对帮扶力度，积极为老年人提供照料、家政、精神关爱等志愿服务的同时，创新居家养老志愿服务模式。依托"夕阳再晨"等助老志愿服务队伍，开展社区科技助老志愿服务活动，出版"夕阳再晨"系列口袋书之《预防诈骗》，收录了骗子惯用诈骗伎俩和诈骗经典案例，教老年人识别骗术，保护财产安全；开设"'夕阳再晨'云课堂"，集成有多年线下服务经验的助老团队，在线上开设老年教育课程体系。服务北京市各区社区71个，开展活动472次，服务老年人16117人次，参与活动志愿者达15978人次，促进居家养老、社区养老和机构养老与"志愿北京之青春伴夕阳"的融合和对接，为社区养老提供精准服务。

（三）促进老年人积极参与志愿服务

依托街道、乡镇、社区，为老年人参与社会公益活动创造条件，引导有条件的老年人在居住地附近参与文明劝导、治安巡防、邻里守望、老年人互助等志愿服务活动。

二、老年社会组织不断发展

（一）老年社会组织数量不断增加

截至2017年底，北京市共有各级老年协会5057个，参加人数32.1万人，其中，社区（村）级老年协会4861个，街道（乡镇）级老年协会190个，市区级老年协会6个。全市共有老年基金会3家。各类老年社团组织（不包括老年协会）5885个，参加人数55.4万人。老年社会组织架构见图8-1。

（二）基层老年社会组织更加规范

北京市围绕基层老年协会发展出台了系列规范性文件：一是将市养老行业协会认定为市级"枢纽型"社会组织，通过提供资金、岗位等支持，使市养老行业协会更好地扩大联系面、提高凝聚力，更

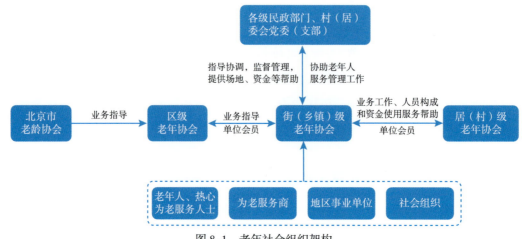

图 8-1　老年社会组织架构

好地联合本领域相关社会组织共同开展为老服务工作。二是指导市社会组织孵化中心孵化培育了"北京十方缘老人心灵呵护中心"等涉老类社会组织，并通过开展咨询服务、培训交流等活动提高社会组织能力建设和服务水平。三是引导支持北京爱心传递老人关爱中心、西城区"玖久缘"文化养老中心、石景山区乐龄老年社会工作服务中心等涉老类社会组织规范开展为老服务活动，不断提高行业整体服务水平。

第九章

老年人优待与权益保障不断完善

老年人优待和老年人合法权益的有效保障关系到老年人的获得感和幸福感。

北京市不断拓展、细化优待内容，提高优待服务质量，持续加强老年人优待，推进老年人权益保障工作，老年人优待福利范围扩展到北京常住外埠的老年人群。

北京市从法治宣传、便民法律服务到法律援助，形成了一系列老年人权益保障措施，有效维护和保障了老年人合法权益。

老年人优待是政府和社会在做好公民社会保障和基本公共服务的基础上，在医、食、住、用、行、乐等方面，积极为老年人提供的各种形式的经济补贴、优先优惠和便利服务。立足我国基本国情和经济社会发展现状，针对老年人的特殊需求，积极完善优待政策法规体系，逐步增设优待项目，拓展优待范围，创新优待工作方式，提升优待水平，让老年人更好地共享经济社会发展成果，不断提升老年人生活质量。中央和地方两级政府加快老年人权益保障法配套法规政策制定，完善为老服务法律体系，在法治轨道上推动老龄工作迈上新台阶，不断提升老年人的获得感、幸福感、安全感。

近年来，北京市也不断拓展、细化优待内容，提高优待服务质量，持续加强老年人优待，推进老年人权益保障工作；并以提高老年人维权能力，维护社会和谐稳定为出发点和落脚点，采取多种形式，积极组织老年人权益保障法律法规宣传、为老年人提供法律援助等工作，切实维护老年人的合法权益，收到了较好的社会效果。

一、老年人优待工作提质扩面

北京市根据经济社会发展水平，从老年人的实际需求出发，积极完善优待政策措施，拓展、细化优待内容，提高优待服务质量，营造尊重、关爱和照顾老年人的社会氛围。2015年9月，《关于进一步加强北京市老年人优待工作的意见》对外发布，老年人优待政策由9条升级为44条，并将老年人优待福利范围扩展到北京常住外埠的老年人群。

（一）全面推进北京通－养老助残卡工作

2017年1月1日起，北京通－养老助残卡业务进入常规化运作模式，制定《北京通－养老助残卡业务流程管理规范》和《北京通－养老助残卡临时卡管理办法》。截至2017年底，已累计为北京市常住老年人制发北京通－养老助残卡253万张。该卡的具体功能见图9-1。

图 9-1 北京通 – 养老助残卡功能示意

（二）敬老优待服务进一步加强

根据《关于进一步加强北京市老年人优待工作的意见》，符合条件的在京老年人可享受的优待政策从 9 项增至 6 大类 44 项，在保留已有优待内容的基础上，增加政务服务优待、卫生保健优待、交通出行优待、商业服务优待、文体休闲优待和维权服务优待 6 大项。

● 交通出行优待

北京通 – 养老助残卡制发以来，截至 2017 年底，北京市老年人享受刷卡免费乘坐地面公交人次约 3.43 亿；9 月份达到历史最高值，为 3803 万次，日均活跃卡数量为 39.02 万张，日均消费笔数为 113.09 万笔，出行早高峰在早 9:30 至 10:30 之间。

● 文体休闲优待

北京市有 156 家对老年人优待的景区。2017 年共发售老年人优惠公园年票约 27 万张。65 岁及以上的老年人免费入园，全年实现入园 2720 万人次。

北京市倡导、鼓励未实行免费开放的博物馆对老年人减免门票费用，目前已实现市属及区属大部分博物馆为北京市 60 岁及以上的老年人持证参观实行免费。

二、老年人普法宣传和权益保障深入开展

北京市在 1996 年施行《北京市老年人权益保障条例》，国家《老年人权益保障法》也于当年出台，进一步加强了对老年人合法权益的保障。北京市一直以来都积极落实老年人权益保障法，做好《居家养老服务条例》的学习宣传和贯彻实施，切实发挥好市人大依法监督的作用，支持、推动和促进市政府及相关部门落实好条例，更好地保障老年人权益。

（一）加强老年人法治宣传工作

普法宣传是切实提升北京市老年人群体法律知识水平和防范意识的有效途径。北京市整合全市老年人法治宣传工作力量，组织首都法官、检察官、行政执法人员和律师以案释法宣讲团队，发动各区法宣办、普法志愿者等在九九重阳节、春节等重要节日，通过以案释法、法律讲座等普法方式，深入全市各社区、村镇、养老院、福利机构等老年人群体聚集场所，广泛开展关于继承、房屋、防金融诈骗等与老年人权益保护息息相关的法律知识宣讲；还通过各类媒体加大普法宣传教育，编发《老年维权手册》《老年防骗手册》《非法集资宣传折页》等宣传材料，集中开展了"防范非法集资宣传月"维权专项行动。充分发挥法律咨询热线作用，截至 2017 年底共解答涉老法律咨询 2451 人次。组织"老年人精准法治防护网"专项活动。组织重点知识系列普法培训 88 场，覆盖全市 16 个区。此外，北京市于 2016 年就设立老年维权服务工作站，具体内容见图 9-2。

北京市老年维权服务工作站

北京市老年维权服务工作站成立于2016年7月，该工作站按照项目要求，通过"四个一"工作，积极构建北京市老年维权服务体系。

"四个一"：

 建立一张老年维权服务网络

 开通一条维权服务热线

 设置一个固定维权服务场所

 保持一支专业维权服务队伍

图 9-2 北京市老年维权服务工作站简介

（二）面向老年人开展便民法律服务

北京市从基层法律服务、司法鉴定、法律援助、律师、公证、法治宣传等工作入手，共推出 6 大类 26 项服务老年人便民举措，整合全市司法行政系统法律援助、律师、公证、人民调解、司法鉴定、法治宣传等各部门资源、力量，为老年人提供更亲民、利民、惠民的法律服务的具体举措。

（三）持续推动老年人法律援助工作

开通了老年人维权服务咨询热线，同时此热线还与社区服务热线对接，市民可直接拨打社区服务热线电话咨询涉及老年人的案件，经进行人工转接后由律师提供法律咨询。截至 2017 年底，北京市承办老年人法律援助案件 7122 件，接待咨询 15 万余人次。在全市范围内组织开展以"法援护航夕阳红"为主题的老年人法律援助专项维权服务活动，该活动期间组织法律援助律师与北京市人民广播电台交通广播"警法时空"栏目进行合作，制作并播出老年人法律援助维权专题节目。充分发挥"北京法援"微信公众号的宣传阵地作用，通过微信平台栏目，开展以"解读《老年人权益保障法》""老年人法律服务专题""老年人遇到赡养、再婚以及遭遇诈骗等法律问题应该如何维权"等为主要内容的专题推送。

第十章

实施保障工作进一步实化细化

　　北京市把积极应对人口老龄化、推进养老服务体系建设作为事关全局的战略任务持续推进。为加强北京市老龄工作的统筹和协调，北京市持续优化工作协调机制，定期分析老龄事业和养老体系建设情况及其存在的问题，研究推进各项政策措施。老龄事业发展和养老体系建设的信息化、标准化、规范化程度明显提高，老龄化的资金保障不断加强，京津冀区域协同发展取得明显进展。

近年来，北京市坚决贯彻落实习近平总书记关于"完善党委统一领导、政府依法行政、部门密切配合、群团组织积极参与、上下左右协同联动的老龄工作机制，形成老龄工作大格局"的重要指示精神，加大政策创制和财政支持力度，理顺体制机制，增强人员力量，补齐发展短板，形成了各级党委政府共谋老龄事业发展的浓厚氛围，市老龄委及其各成员单位继续主动作为，锐意创新，攻坚克难，形成了分工有序、责任清晰、群策群力共谋养老事业发展的良好工作态势，构建了"人人参与、人人尽力、人人享有"的老龄社会管理新格局。

一、夯实老龄工作发展保障基础

（一）养老服务信息化建设稳步推进

探索总结"互联网＋养老"北京模式，开展顶层设计，启动"智慧养老工程"项目。筹备建设北京市养老服务事务中心，启动北京市养老大数据服务工作。完成"互联网＋养老"北京模式和相关养老服务体系构建、社会化运营、产业扶持等方面的课题研究。推动北京市养老服务与管理信息平台第二期建设工作，完成"智慧养老工程"项目需求调研。制定北京市养老政务信息系统整合及数据共享实施方案等文件，推动完成已建社区养老服务驿站地图标注工作。

（二）加快完善养老服务标准体系建设

目前北京市养老方面的地方标准12项，既有指导养老机构标准化建设和星级评定的《养老机构服务标准体系建设指南》（DB11/T 303-2014）、《养老机构服务质量星级划分与评定》（DB11/T 219-2014）、《养老服务机构服务质量规范》（DB11/T 148-2008）标准，也有指导养老机构医务室、健康评估、健康档案、生活照料、社会工作等具体专业服务的标准，如《养老机构医务室服务规范》（DB11/T

220–2014）、《养老服务机构院内感染控制规范》（DB11/T 149–2016）、《养老机构老年人健康评估规范》（DB11/T 305–2014）、《养老机构老年人健康档案技术规范》（DB11/T 1122–2014）、《养老机构社会工作服务规范》（DB11/T 1121–2014）、《养老机构老年人生活照料操作规范》（DB11/T 1217–2015）、《养老机构图形符号与标志使用及设置规范》（DB11/T 1353–2016）。2017 年，在通则、助餐服务、助医服务、助洁服务、助浴服务、助急服务、康复服务 7 项居家养老服务规范通过地方标准立项的基础上，进行居家养老服务标准（草案）试点，在东城、海淀、丰台和石景山区选择 7 个街道开展为期一年的标准试点工作，并引导其他区参考执行。继续编制 10 项居家养老服务标准，包括 5 项居家养老服务规范和 5 项管理规范。

（三）养老政策实施效果评估研究取得成效

组织开展 2017 年中国城乡老年人生活状况监测调查（北京地区）。编制《北京市老龄事业和养老服务发展报告（2016—2017）》向社会发布。实施"居家养老政策应用研究及实施效果评估"项目，并将该项目分解为"互联网＋养老"北京模式研究、北京市养老服务评估工作体系及机制研究、京津冀协同发展背景下养老服务体系建设研究、发挥老年人力资源优势促进老年人社会参与发展研究、老龄事业经费投入统计及保障机制研究等 11 个子项目。

（四）老龄工作资金保障更加有力

北京市坚持"规划先行、突出重点、绩效引导、强化监督、探索创新"的原则，做好财政资金保障及服务，强化资金绩效管理。2017 年，北京市财政安排养老服务资金预算 12.81 亿元，较 2016 年投入 10.88 亿元增加 1.93 亿元，增长 17.7%。其中，居家养老预算 10.89 亿元，较 2016 年 8.52 亿元增加 2.37 亿元，增长 27.8%。集中发展居家养老，集中财力支持落实市政府重要民生实事建设，这主要包括社区养老服务驿站、探索分类开展居家养老服务改革试点、积极发展农村养老服务、居家养老服务标准化与信息化建设等重点事项。

二、老龄工作保障措施得到加强

（一）市老龄委统筹协调职能得到有效发挥

北京市老龄工作委员会是市政府老龄工作议事协调机构。近年来，北京市逐步调整、充实、优化市老龄工作机构，将市老龄委成员单位扩充至 54 个。2017 年，召开 2 次市老龄委全体会议，部署安排和检查落实全年 47 项工作任务；召开市老龄委主任扩大会、联络员会，推进扶持专业运营等重点工作；

组织开展全市老龄业务培训；建立年度老龄重点工作督查台账和各区老龄工作重点任务双月报制度。市老龄办加强"统筹、协调、组织、指导"职能，协调、推动有关部门加强对老龄工作的指导和综合管理，指导、督促各区老龄工作。

（二）资金监管和诚信体系建设得到加强

加强和完善养老服务转移支付资金管理机制。一是建立养老资金监管机制；二是实行市、区两级民政、财政、老龄三部门联席会商管理机制；三是建立全市养老服务资金执行动态报表制度；四是市

图 10-1 京津冀养老服务协同发展大事记

民政、市财政、市老龄委联合印发《关于统筹分配拨付各区 2017 年居家养老服务专项资金有关工作的通知》，强化各区专项转移支付预算执行管理；五是市民政、市老龄委制定《转移支付养老服务资金专项考评细则》，建立绩效导向机制；六是联合研究机构，探索建立本市老龄事业经费投入统计全口径机制，现已基本完成调研工作。

（三）京津冀养老服务协同发展提速

随着社会老龄化的加速和京津冀协同发展的深入推进，一方面是京津为缓解养老服务供给压力，亟须向外疏解养老功能；另一方面是河北承接优势明显，力求借力京津冀合作加快养老产业发展。京津冀养老服务协同发展在机构养老、产业集聚、养老养生、老年旅游以及相关政策对接正在加快推进，详见图 10-1。

第十一章
老龄事业发展和养老体系建设展望

　　北京市政府出台了加快推进养老服务业发展的指导意见，编制了"十三五"时期老龄事业发展规划，推动实现养老工作理念和模式更加先进，养老保障和服务体系更加健全，管理体制机制运转更加高效，社会参与意识和能力显著增强等目标，逐步形成具有首都特色的老龄事业和养老体系。

　　围绕老年人的需求和当前发展面临的挑战，北京市将需要继续完善老年人社会保障体系，建立统一的老年人照护评估体系，完善长期照护的服务供给体系，大力推进养老产业发展，打造老年人幸福宜居环境，营造养老、孝老、敬老社会环境，进一步加强老龄工作保障。

2017 年 2 月，国务院印发了《"十三五"国家老龄事业发展和养老体系建设规划》，明确提出"十三五"时期促进老龄事业发展和养老体系建设的发展目标，即到 2020 年，多支柱、全覆盖、更加公平、更可持续的社会保障体系更加完善，居家为基础、社区为依托、机构为补充、医养相结合的养老服务体系更加健全，有利于政府和市场作用充分发挥的制度体系更加完备，支持老龄事业发展和养老体系建设的社会环境更加友好，及时应对、科学应对、综合应对人口老龄化的社会基础更加牢固。党的十九大提出："积极应对人口老龄化，构建养老、孝老、敬老政策体系和社会环境，推进医养结合，加快老龄事业和产业发展。"这为我国老龄事业和产业发展描绘了一幅宏伟蓝图，也为北京市老龄事业发展和养老体系建设指明了方向。

一、北京市老龄事业发展和养老服务体系建设发展目标

2013 年 10 月，北京市政府出台了《关于加快推进养老服务业发展的意见》，提出到 2020 年，建立起以居家为基础、社区为依托、机构为补充的设施齐备、功能完善、布局合理的养老服务体系，实现养老服务与医疗康复、文化教育、家庭服务、旅游休闲、金融保险等相关领域互动发展目标，形成养老服务新业态。2016 年 12 月，北京市政府印发的《北京市"十三五"时期老龄事业发展规划》进一步明确，到 2020 年，为适应建设国际一流的和谐宜居之都要求，努力实现本市养老工作理念和模式更加先进，养老保障和服务体系更加健全，管理体制机制运转更加高效，社会参与意识和能力显著增强等目标，形成具有首都特色的养老模式，使老年人民生福祉和生活品质实现跨越式提升。

● **社会养老保障体系更加完善**

五项社会保险基金收缴率保持在 98% 以上，城乡基本社会保险实现应保尽保。老年人养老保障和医疗保障待遇逐年提高，老年人社会福利和社会优待制度更加完善，老年人身心更加健康、消费能力逐步增强、生活水平不断提高。

● 社会养老服务体系丰富多样

养老服务实现社会化、产业化、体系化、信息化发展，服务内容更加丰富，服务供给相对充足。《北京市居家养老服务条例》深入落实，社区养老服务日趋成熟，居家养老幸福工程初具规模。养老机构服务能力显著提升，实现老年人按需住得进、住得起。养老服务市场全面放开，京津冀养老服务协同发展取得实效，养老服务业成为首都服务业的重要内容。

● 老龄社会管理体系共建共享

老龄工作体制机制更加顺畅，工作力量逐步加强。政府支持各类市场主体增加养老服务和产品供给的机制更加成熟，管理监督机制更加完善。养老服务企业和社会组织发展壮大，家庭养老功能得到增强。

● 老龄政策法规体系更加完备

完成首都科学应对人口老龄化战略研究，养老政策措施更加健全，养老与经济、社会、文化等领域的政策有序衔接，体系化的制度安排初步形成，老龄政策法规体系基本完备。

二、北京市老龄事业发展和养老服务体系建设面临的主要挑战

北京市人口老龄化不断加快，养老形势十分严峻。北京市及时、科学、综合应对人口老龄化，逐步满足老年人日益增长的养老服务需求，增进老年群众福祉，提高老年人生活品质。当前老龄事业和养老体系建设还面临诸多挑战。

一是养老服务供需尚未实现有效匹配。全市还没有建立起与老年人能力评估结果相匹配的养老服务长期照护服务体系。养老服务体系和健康支撑体系融合程度不够。同时，养老服务供给存在总量不足、水平不高、支撑力度不够等问题，在城乡结构、体系构成和业态布局等方面存在不平衡、差异较大。

二是老年人的长期护理支付问题尚未有效解决。护理补贴制度尚未健全，政策性长期护理保险制度处于试点阶段。

三是老年消费市场规模不大。适合老年人的产品开发还远远不够，老年人专项产品及其种类还不太多，扶持老年消费市场发展的政策力度不足。

四是老年宜居环境建设需继续加大力度。城乡公共服务设施与老龄化的客观要求还不相适应，老年人居住条件、公共服务、社区环境、权益维护、社会参与等方面与老年人需求还有较大差距。

三、北京市老龄事业发展和养老服务体系建设展望

未来，紧扣老龄工作不平衡、不充分发展问题，坚持老龄事业与老龄产业协同推进、居家养老与机构养老统筹发展，建设具有首都特色的老龄政策体系、管理体系和居家社区服务体系，营造养老孝老敬老社会环境，让全市老年人有更多获得感、幸福感、安全感。

● **完善老年人社会保障体系**

建立综合性老年人福利津贴补贴制度，扩大社会敬老优待服务对象范围和服务内容，加快推进政策性长期护理保险制度试点工作。

● **建立统一的老年人照护评估体系**

依托社区养老服务资源，建立评估窗口和评估机制。申请长期照护服务的老年人，须先申请老年人照护统一需求评估，经评估达到相应照护等级的，可享受居家、社区、机构等长期照护服务。

● **完善长期照护的服务供给体系**

巩固"三边四级"养老服务体系，加强社区养老综合服务能力，打造长期照护服务资源有序转介的管理平台。加强养老服务质量建设，深化医养结合工作，发展多样化健康养老服务。深化养老助餐体系建设，开展老年人精神关怀服务，开展失能老年人家庭护理人员照护培训，加强养老服务人才队伍建设，提升农村养老服务能力和水平。

● **大力推进养老产业发展**

完善金融支持政策，借助资本市场支持养老产业发展，完善养老服务业土地支持政策，推动老年人用品研发与产业化发展，推动老年旅游服务业发展，落实养老服务领域税收优惠政策，调整养老服务运营资助政策，加强老龄工作的合作交流，促进京津冀养老服务协同发展。

● **打造老年幸福宜居环境**

推进养老服务设施配置，继续推进本市既有住宅增设电梯工作，继续推进老年人家庭适老化改造，开发适老性环境营造技术，加大老旧小区综合整治工作力度，继续落实老龄家庭住房保障优待政策，推进公共交通无障碍设施建设，强化养老机构消防安全监督管理和居家养老消防安全服务保障工作。

● **营造养老、孝老、敬老社会环境**

依法维护老年人合法权益，加强人口老龄化国情市情教育，加大老龄工作宣传力度，营造养老、

孝老、敬老的社会环境，丰富老年人精神文化生活，提高老年人社会参与度，大力发展老年教育，深入开展为老志愿服务活动。

- 加强老龄工作保障

规范基层老龄机构和人员设置，推动养老大数据建设工作，建立居家养老重大项目长期滚动预算机制，加强养老服务资金统计和监管，对年度重点工作任务开展督查，加强老龄问题研究。

附　录

2017 年北京市养老服务主要法规和政策文件清单

规划与指导意见

- 《〈关于全面放开养老服务市场进一步促进养老服务业发展的实施意见〉的通知》（京政办发〔2017〕13 号）
- 《关于 2017 年加强社区养老服务驿站运营支持工作的通知》（京民福发〔2017〕315 号）
- 《关于进一步规范公办养老机构入住管理工作的通知》（京民福发〔2017〕345 号）

专项政策文件

社区居家服务

- 《北京市民政局　北京市老龄工作委员会办公室关于印发〈北京市社区养老服务驿站建设规划（2016—2020 年）〉的通知》（京民福发〔2017〕124 号）
- 《北京市民政局　北京市财政局关于印发〈北京市街道（乡镇）养老照料中心建设资助和运营管理办法〉的通知》（京民福发〔2017〕162 号）
- 《北京市民政局　北京市财政局关于做好 2017 年部分区开展居家养老服务改革试点工作的通知》（京民福发〔2017〕196 号）
- 《北京市老龄工作委员会办公室关于做好养老机构、社区养老服务驿站辐射社区居家养老服务工作有关事项的通知》（京老办发〔2017〕2 号）

- 《北京市老龄工作委员会办公室关于开展城乡独居老年人巡视探访服务试点工作的通知》（京老办发〔2017〕3 号）
- 《北京市老龄工作委员会办公室关于开展居家失能老年人家庭照护人员技能培训试点工作的通知》（京老办发〔2017〕4 号）
- 《北京市老龄工作委员会办公室关于开展老年人与养老服务单位需求对接服务试点的通知》（京老办发〔2017〕5 号）
- 《北京市财政局关于提前下达 2018 年第二批养老服务专项转移支付预算的通知》（京财社指〔2017〕1624 号）

机构养老服务

- 《关于印发〈关于开展养老机构服务质量建设专项行动全面提升养老行业服务质量水平的实施意见〉的通知》（京民福发〔2017〕129 号）
- 《北京市民政局　北京市残疾人联合会关于印发〈北京市社会福利机构（设施）配置康复辅助器具指导目录〉的通知》（京民福发〔2017〕191 号）
- 《关于加强养老服务设施规范化管理工作的通知》（京民福发〔2017〕301 号）
- 《关于加强养老机构服务质量整治工作的指导意见》（京民福发〔2017〕391 号）
- 《北京市基层公办养老机构建设资助工作实施办法》（京民福发〔2017〕302 号）

医养结合

- 《北京市卫生和计划生育委员会关于印发医养结合重点任务分工方案的通知》（京卫老年妇幼字（2017）6 号）

农村养老服务

- 《关于加强农村养老服务工作的意见》（京民福发〔2017〕359 号）
- 《关于做好农村幸福晚年驿站建设工作的通知》（京民福发〔2017〕390 号）

老龄产业

- 《北京市人民政府办公厅关于加快发展康复辅助器具产业的实施意见》（京政办发〔2017〕48 号）
- 《北京市社会福利机构（设施）配置康复辅助器具指导目录》（京民福发〔2017〕191 号）

京津冀一体化

- 《京津冀区域养老工作协同发展实施方案》（京民福发〔2017〕451 号）

图书在版编目(CIP)数据

北京市老龄事业发展和养老体系建设白皮书. 2017 /
北京市老龄工作委员会办公室，北京师范大学中国公益研
究院编. -- 北京：社会科学文献出版社，2018.10
　　ISBN 978-7-5201-3751-5

　　Ⅰ . ①北… 　Ⅱ . ①北… ②北… 　Ⅲ . ①老龄产业 - 产
业发展 - 研究报告 - 北京 - 2017 ②养老 - 社会服务 - 研究
报告 - 北京 - 2017 　Ⅳ . ①D669.6

　　中国版本图书馆CIP数据核字（2018）第241010号

北京市老龄事业发展和养老体系建设白皮书（2017）

编　　者 / 北京市老龄工作委员会办公室　北京师范大学中国公益研究院

出 版 人 / 谢寿光
项目统筹 / 吴　超
责任编辑 / 吴　超

出　　版 / 社会科学文献出版社·人文分社（010）59367215
　　　　　　地址：北京市北三环中路甲29号院华龙大厦　邮编：100029
　　　　　　网址：www.ssap.com.cn
发　　行 / 市场营销中心（010）59367081　59367018
印　　装 / 三河市东方印刷有限公司

规　　格 / 开　本：787mm×1092mm　1/16
　　　　　　印　张：5.5　字　数：106千字
版　　次 / 2018年10月第1版　2018年10月第1次印刷
书　　号 / ISBN 978-7-5201-3751-5
定　　价 / 49.00元